HISTORIQUE

DES ÉVÉNEMENS

QUI SE SONT PASSÉS A LA BASSE-TERRE, VILLE CAPITALE DE L'ILE GUADELOUPE, DEPUIS LA RÉVOLUTION.

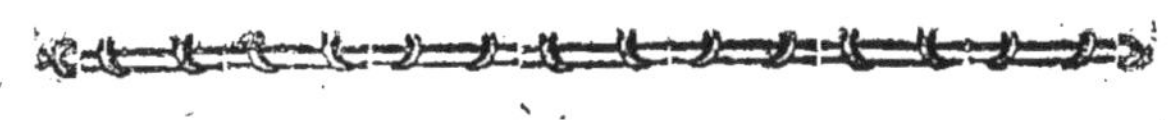

A LA GUADELOUPE,

De l'imprimerie de la veuve BENARD, 1791.

HISTORIQUE

Des événemens qui se sont passés à la Basse-Terre, ville capitale de l'île Guadeloupe, depuis la révolution.

L'ASSEMBLÉE NATIONALE ayant envoyé des commissaires aux îles du Vent, pour y prendre connoissance des troubles qui les affligent & de leurs causes, la Basse-Terre a cru devoir concourir, autant qu'il est en elle, au succès de leur mission, en mettant sous leurs yeux le récit des principaux événemens qui ont eu lieu dans son sein.

Les colons d'Amérique n'avoient jamais vu arriver d'Europe que des tyrans & des fers, lorsque la tenue des Etats-Généraux, le silence des ministres, & la marche incertaine des gouverneurs, commencèrent à leur annoncer qu'un nouvel ordre de choses alloit s'établir. Bientôt ils apprirent que le peuple français, presqu'aussi malheureux qu'eux, avoit repris son ancienne puissance; ils voulurent être libres comme lui.

Alors on vit le mouvement qui avoit agité la France, se communiquer à toutes les îles qui lui appartiennent. Par-tout les moyens du despotisme furent affoiblis ou détruits avec violence, & ses funestes effets suspendus avec plus ou moins d'effort.

Cependant la Guadeloupe n'a pas éprouvé, comme les autres parties de l'archipel, ces convulsions terribles dont les suites cruelles, sur-tout pour la Martinique & Saint-Domingue, ont fixé si fortement l'attention de la mère-patrie.

Les citoyens de la Basse-Terre ont contribué de tout leur pouvoir à maintenir jusques à ce jour, sinon une paix profonde, au moins une sorte d'inaction qui lui en a valu presque tous les avantages. Un simple rapport des faits semble devoir justifier cette opinion.

La Basse-Terre est située presqu'au centre d'une anse formée par une enceinte de hautes montagnes, que la nature semble avoir placées pour être le boulevart de la Guadeloupe: car si dans cette partie de l'île une mer toujours tranquille offre par-tout à l'ennemi un accès facile, le vaste amphithéâtre de nos mornes, leurs gorges multipliées & tortueuses, leurs bois épais & fourés, nous présentent de toutes parts en tems de guerre des retraites sûres, des asiles impénétrables. Ailleurs les citadelles protègent leurs alentours; ici au contraire, les forts sont défendus par les avantages du terrein qu'il faut conquérir pied à pied.

Cette partie de la colonie, qui est au bas des montagnes, est la seule qui réunisse aux avantages d'un air pur & frais, des eaux vives, abondantes, & tous les alimens, toutes les productions des colonies, avec presque tous les légumes, les fleurs même de l'Europe. Les vaisseaux de l'état, les navires du commerce trouvent dans sa rade spacieuse un bon mouillage; & dans le tems d'ouragans, l'Anse-à-Labarque (1), qui

(1) Ce port spacieux & si sûr, peut être rendu très-sain, à très-peu de frais; mais l'intérêt des gouverneurs propriétaires dans d'autres parties éloignées, ont toujours fait rejetter des projets qui ne tendoient pas directement au plus grand avantage de leurs possessions.

en eſt peu éloignée, leur offre un aſyle que les tempêtes ont reſpecté quant elles détruiſoient tout à la Pointe-à-Pitre.

Tant d'avantages réunis ont ſans doute déterminé la cour de France à placer tous les moyens de défenſe dans un lieu déjà ſi fort par lui-même ; lieu où les ſoldats & les équipages trouvant abondamment toutes les douceurs de la vie, ſont beaucoup moins expoſés que par-tout ailleurs, aux cauſes de deſtruction qui ſous la zône torride moiſſonent ſi promptement les européens.

Les mêmes raiſons y firent placer le gouvernement, l'adminiſtration & les autres établiſſemens royaux.

Mais ſi la Baſſe-Terre a joui, depuis la fondation de la colonie, du glorieux privilège de couvrir la Grande-Terre, pays plat & ouvert de toutes parts, ce n'a été qu'en reſtant elle-même expoſée à toutes les horreurs de la guerre. Aſſiégée en 1691, 1707 & 1759, elle a deux fois repouſſé l'ennemi de ſes côtes; mais trois fois ſes maiſons ont été brûlées, les habitations de ſon territoire ravagées & détruites de fond en comble.

Cependant toujours fière de ſa poſition, & forte de ſon amour pour la mère-patrie, elle s'eſt aſſez-tôt relevée de ſes pertes, pour avoir pu fournir abondamment aux eſcadres, tous les ſecours dont elles ont eu beſoin. Les généraux & les intendans, pendant la guerre & pendant la paix, y ont toujours trouvé les reſſources en hommes & en argent, que les circonſtances ont ſi ſouvent rendu ſi preſſantes.

Ainſi la Baſſe-Terre placée pour ainſi-dire entre la Guadeloupe & la France, leur a toujours prodigué & ſes richeſſes & le ſang de ſes habitans.

La métropole reconnoiſſante envers cette ville, voulut la dédommager de ſes pertes réitérées, en lui accordant l'entrepôt des américains.

La Grande-Terre ne voyoit depuis long-tems dans cette eſpèce de privilège excluſif, qu'une de ces grandes injuſtices que la volonté des adminiſtrateurs déterminoit & que les miniſtres approuvoient toujours.

Pluſieurs fois la Pointe-à-Pitre, que l'on trouve déjà ſi riche par ſon heureuſe poſition, avoit tenté d'attirer à elle ce foible dédommagement de nos pertes réitérées; elle l'avoit même obtenu du miniſtre trompé; mais plus éclairé, mieux inſtruit, il avoit penſé devoir remettre les choſes dans leur premier état. Il avoit donc fallu attendre des tems plus propices.

La priſe de la cocarde parut être le moment favorable. Ce ſigne heureux de la liberté qui parut d'abord à la Pointe-à-Pitre, y jetta tout le monde dans une ivreſſe que les dépoſitaires du pouvoir arbitraire ſeuls ne pertagoient pas (2). Bientôt le peuple qui ſentit ce qu'il pouvoit, paſſa de cette joie tumultueuſe à la fermentation la plus forte, la plus alarmante, pour les perſonnes en place. Il ſe portoit en maſſe formidable d'un lieu à un autre, pour effacer juſqu'aux traces du deſpotiſme, ſous lequel il gémiſſoit depuis long-tems. Bientôt il voulut en punir les miniſtres, & M. le vicomte d'Arrot ne dut, dit-on, la vie qu'au gouverneur qui vint le ſerrer dans ſes bras, en demandant aux furieux d'épargner ſon ami. Les jours du commandant furent reſpectés & la colère du peuple fut adroitement tournée vers la Baſſe-Terre. Un cri général, un cri de guerre demanda les américains; & M. de Clugny fut, dit-on, obligé de les promettre; mais une ordonnance les fixoit irrévocablement dans notre ville; celui qui étoit chargé de la maintenir, ne pouvoit l'enfreindre ſans une autorité légitime : il crut devoir convoquer l'aſſemblée coloniale, fondée en 1787, par une ordonnance du roi. Elle n'étoit pas, comme elle pourroit l'être aujourd'hui, la réunion des repréſentans d'un peuple libre; c'étoit un corps formé d'abord de quelques gens

(2) Le capitaine du port, un membre du conſeil-ſouverain & quelques hommes tenant comme eux à des corps puiſſans, reçurent la cocarde des mains du peuple d'une manière aſſez expreſſive, pour ne jamais oublier cette fête.

honnêtes, enſuite des agens ou des eſclaves du gouvernement, n'ayant d'autre fonctions que de recevoir l'impulſion des adminiſtrateurs, & de la communiquer à leurs parens & leurs amis, courbés comme eux ſous le joug d'une puiſſance qu'ils croyoient tous partager. Auſſi, quoique preſque tous les membres de cette aſſemblée vouluſſent fortement ôter l'entrepôt à la Baſſe-Terre, l'oppoſition de l'intendant fut un obſtacle inſurmontable. D'ailleurs tant de quartiers demandoient à partager l'entrepôt avec la Pointe-à-Pitre, que le gouverneur lui-même ſe trouva forcé d'appuyer les ordonnances, pour faire ceſſer des conteſtations inutiles. L'aſſemblée n'arrêta donc rien à cet égard; & l'on ſe contenta de convenir que chaque paroiſſe nommeroit des électeurs, pour s'occuper des cahiers que la colonie enverroit à l'aſſemblée nationale. Chacune des deux villes éleva encore des prétentions ſur le privilège d'avoir l'aſſemblée des électeurs dans ſon ſein; mais on mit fin à la conteſtation, en déſignant le Petit-Bourg pour le point de réunion.

Pendant que la Grande-Terre étoit en proie à des mouvemens inquiétans, nous jouiſſions d'une paix profonde que la priſe de la cocarde n'avoit point troublée, qu'elle ſembloit même avoir aſſurée, lorſque nos adminiſtrateurs revinrent pour le conſeil de novembre 1789. Alors notre bonheur fut troublé. Pleins de reſſentiment contre la partie de la colonie où leur autorité avoit reçu les premières atteintes, ils voulurent la punir de manière qu'elle nous ſervît d'exemple. M. Viévigne, commiſſaire ordonnateur fit un expoſé, dans lequel feignant d'ignorer la tranquillité dont nous avions joui juſqu'à ce moment, il accuſoit indiſtinctement les deux villes d'avoir troublé l'ordre public par des attroupemens, des tumultes, des vexations. L'arrêt de la cour fut rendu d'après la demande de ſon préſident : il le fit imprimer; & lui-même en avoit déjà corrigé & envoyé des exemplaires, lorſque les citoyens en furent avertis. Tous furent juſtement offenſés d'une inculpation auſſi peu méritée, ils présentèrent requête au conseil. M. l'ordonnateur nia jusqu'à son exposé; Messieurs Clugny & Desnoyers jurèrent n'avoir eu aucune connoissance de l'arrêt. On se rétracta, & la cour permit de rendre public, par l'impression, la satisfaction complette qu'elle donnoit à la ville.

Depuis la clôture de l'assemblée coloniale, jusqu'à l'instant où l'on se rassembla au Petit-Bourg, on mit tout en œuvre, pour obtenir de la Basse-Terre ce fatal partage des américains; on en vint même jusqu'à faire avec elle une entière scission. Indignée qu'on voulût obtenir par la force, ce qu'elle pensoit justement tenir de la loi, elle opposa à l'intrigue, à la violence, une résistance modérée, mais ferme. Heureusement que l'assemblée du Petit-Bourg nous donna bientôt occasion de faire abjurer à nos frères de la Grande-Terre leur serment, & d'oublier les différens traits qui caractérisèrent cette scission.

Cette heureuse paix fut l'ouvrage d'un de nos députés, qui par un discours plein de l'éloquence de l'esprit & du cœur, entraîna tous les électeurs : ils s'embrassèrent en versant des larmes, & jurèrent une union éternelle. Alors la Basse-Terre crut devoir accorder à l'amitié, ce qu'elle avoit refusé à la force; elle consentit à partager les américains; & le gouverneur sanctionna cette convention générale.

Avant cette dernière assemblée, les administrateurs voyant que le tems du despotisme étoit passé, voulurent gouverner le peuple par lui-même; ils proposèrent aux paroisses un comité municipal auquel ils remettroient une partie de leur autorité, & dont les citoyens assemblés désigneroient les membres pris dans tous les ordres de la société. La proposition ayant été acceptée, il fut chargé de la police de la ville, & les citoyens ayant fait leur choix, il fut instalé le même jour, 5 décembre 1789. Cependant l'assemblée du Petit-Bourg entamoit une constitution. *Formons-là,* disoit un de ces hommes audacieux, qui ne veulent nulle part d'autre ordre que celui qu'ils établissent, *osons tout,* disoit-il; *je donne ma tête que le gouverneur ſanctionnera* ; & il diſoit vrai. La Baſſe-Terre inquiète de ces diſpoſitions, & pleine de confiance en la mère patrie, ſe refuſoit à toutes les innovations projettées. Conſtante, diſoit elle, dans ſa ſituation actuelle elle n'entendoit rien changer aux loix qui nous gouvernoient, & ne vouloit en reconnoître d'autres, juſqu'à ce que l'aſſemblée nationale les eût changées. Elle alloit plus loin : car, pour éviter l'effervefcence, ſuite néceſſaire d'une aſſemblée générale, elle preſcrivoit à ſes électeurs de ne pas reſter en aſſemblée ; mais de ſe réunir pardevant les juges des ſénéchauſſées pour la confection des cahiers qui ſeroient enſuite rapprochés pour obvier aux contradictions.

Mais les efforts de la Baſſe-Terre furent inutiles : ſeule elle ne put prévaloir. Les *adminiſtrateurs eux-mêmes* multiplièrent les convocations des paroiſſes, & concoururent à la deſtruction de cet ordre de choſes dont nous préférions même les véxations, aux malheurs de l'anarchie.

Il fallut céder aux circonſtances, le comité municipal en ſentit ſans doute la néceſſité : car, il obtint des paroiſſes des mandats libres, qui dans la fermentation générale étoient devenus indiſpenſables.

Dans le même tems, le comité municipal ayant été conſulté par l'aſſemblée du Petit-Bourg, ſur la motion de M. Bondoire, *de ſe conſtituer en aſſemblée générale-coloniale*, répondit :

« Qu'il eſtimoit que les électeurs n'avoit pas le droit de » faire des loix & de les ſanctionner ; que nul ordre, nulle » puiſſance dans la colonie, n'avoit le droit auguſte & ſacré » de faire & de ſanctionner des loix ; que ce double pouvoir » avoit repoſé juſqu'ici dans la perſonne du monarque, & qu'il » réſideroit maintenant, pleinement dans la Nation & le Roi ; » que l'aſſemblée du Petit-Bourg devoit ſe borner à récla- » mer le droit de modifier les loix générales du royaume, » qui ſeroient adreſſées à la colonie, & à propoſer les loix » locales, pour qu'elles fuſſent enſuite approuvées par la » Nation, & ſanctionnées par le Roi ».

Ainſi le comité municipal de la Baſſe-Terre prévint les vues de l'aſſemblée nationale. Il en réſulta que nos électeurs ſe ſéparèrent pour conſulter les paroiſſes, & l'aſſemblée s'ajourna.

Tandis que nous entretenions la paix à force de ſacrifices, la Pointe-à-Pitre devenoit le théâtre de nouveaux troubles. Un officier du régiment de la Guadeloupe y maltraita un ſoldat qui portoit, diſoit-il, une cocarde nationale, (3) peu conforme à l'ordonnance. Une députation partie de notre ville y rétablit le calme qui depuis y a été ſi ſouvent détruit.

Les travaux de l'aſſemblée du Petit-Bourg ſe réduiſirent donc pour la colonie à nommer des députés à l'aſſemblée nationale, & à procurer les américains à la Pointe-à-Pitre.

Les électeurs ſe réunirent à la Baſſe-Terre dans le courant de janvier 1790. On étoit alors trop près des horreurs de l'ancien régime, pour en avoir perdu le ſouvenir. Auſſi les premières ſéances ſe paſsèrent-elles en cris d'indignation contre les injuſtices odieuſes qu'on mettoit à chaque inſtant ſous les yeux de la colonie. On voit donc que ſi les travaux de cette première aſſemblée furent auſſi rapides, c'eſt que tous ceux qui la formoient étoient animés du ſentiment unique d'échapper aux malheurs qui les preſſoient de toutes parts.

Un même eſprit les animoit tellement, que ſans autre guide qu'un inſtinct conſervateur, preſque ſans autre lumière, qu'un ſentiment profond de leurs maux, ils firent en très-peu de tems un plan de conſtitution, ſi conforme aux vues de la mère patrie, que l'on croiroit qu'elle avoit reçu nos vœux, avant l'émiſſion de ſon décret du 8 mars 1790.

Alors, comme nous l'avons déjà dit, tous les moyens du

(3) Cette cocarde, ici comme en france, déplaiſoit par-tout autant aux officiers, qu'elle étoit chère aux ſoldats. Si à la Guadeloupe cette ſcène n'eût pas des ſuites auſſi fâcheuſes qu'à St.-Pierre, lors de l'affaire de MM. Malherbes & Duboulay, il n'en faut pas douter, c'eſt que les ſoldats de la Guadeloupe ſe ſont toujours montrés amis de la conſtitution.

despotisme disparurent. On détruisit les milices, on brisa cette barrière funeste élevée entre les citoyens & la liberté. Le poids de cette odieuse machine du gouvernement qui, étendue sur tous les individus de la colonie comme un réseau de fer, tenoit toutes les actions, toutes les volontés enchaînées, étoit devenu tellement insupportable, que presque tous les officiers, même quelques commandans, envoyèrent leurs épaulettes à l'assemblée, en don patriotique, & leurs commissions au gouverneur en tribut à la liberté. Depuis la milice n'a plus existé pour nous, que dans le cœur des ennemis de la révolution.

Les représentans de la colonie comblés de bénédictions du peuple, dont leur civisme les rendoit alors les idoles, pour n'être jamais exposés à tromper les espérances de leurs commettans, jurèrent de ne recevoir aucunes graces du gouvernement pendant tout le tems de leurs exercices. Ah ! si tous ils avoient été fidèles à leur serment ! La Basse-Terre n'auroit point eu d'ennemis, & la colonie n'auroit encore qu'une seule volonté, celle qu'elle a consignée dans les cahiers, celle que ses députés ont jurée devant ses représentans, de conserver autant qu'il sera en eux dans toute sa pureté !

Cependant, à la Martinique, le gouvernement depuis plusieurs années s'étoit servi avec son adresse ordinaire de l'assemblée coloniale, pour établir entre les villes & les compagnes des divisions éternelles, en chargeant celles-là d'un surcroit d'imposition dont il soulageoit celles-ci. Les grands propriétaires de la campagne durent donc chérir le pouvoir arbitraire dont ils disposoient à leur gré, & les villes desirer avec ardeur la révolution, qui assuroit dans la colonie une plus juste distribution des biens & des charges publiques.

Aussi, à la Martinique, la campagne prépondérante conserva sa milice, & ceux de ses officiers qui ne purent parvenir à être députés à l'assemblée coloniale, vinrent au Fort-Royal, au milieu de la paix, enflammer le courage bouillant de M. Vioménil, par le spectacle d'un nombreux cortège militaire qu'il rencontroit toujours sous ses pas, & qui par-tout se plaçoit de lui-même sous sa main.

Ce général téméraire & imprudent dut, comme tous les commandans de quartiers (4), voir avec inquiétude une révolution qui alloit tout soumettre à la loi; s'il n'osa pas espérer de s'y soustraire pour toujours, au moins en retarda-t-il de beaucoup l'influence dans les colonies; mais seul avec son état-major il ne pouvoit rien contre la multitude : il s'assura donc des gens de couleur, en leur donnant le fatal baiser & la branche verte.

Dès-lors, comme on l'a vu dans les lettres trouvées parmi les papiers du directoire, la perte de Saint-Pierre étoit jurée, & la destruction des villes étoit arrêtée dans le conseil de ceux qui avoient toute l'influence dans les affaires de la colonie.

Saint-Pierre, sans en avoir dans ce tems des preuves ostensibles, n'en pouvoit cependant plus douter. Elle dut donc appercevoir dans la régénération de la France, l'espérance de voir disparoître avec le pouvoir arbitraire, tous ses motifs d'inquiétude. Les signes de la révolution durent être pour cette malheureuse ville le feu sacré qui promet la fin de la tempête; elle dut trembler de le voir s'éteindre. Aussi le mépris que deux officiers de la Martinique firent de la cocarde en plein spectacle, jeta-t-il un trouble, une rumeur inexprimable. Les troupes commandées par leurs officiers mirent le peuple en joue, & le sang alloit couler à grand flots, si MM. Foulon & Thoumaseau ne s'étoient jettés entre les bayonnettes, & la

(4) Les commandans de milice chargés de l'exécution des sentences peuvent à leur gré contraindre ou favoriser le débiteur, éloigner le créancier importun, ou le rapprocher de sa créance. On sent combien d'abus ont dû naître d'un ordre de choses, où les deux tiers de la campagne étant débiteurs des villes, l'habitant des villes ne pouvoit avoir recours qu'à celui qu'il pouvoit presque regarder comme ayant intérêt à favoriser le débiteur.

multitude qui étoit ſans armes. Les ſoldats en trop petit nombre partirent pour le Fort Royal, en menaçant de revenir bientôt en force contre Saint-Pierre; & réellement on y fit des diſpoſitions effrayantes pour venger, diſoit-on, l'honneur du régiment offenſé.

Saint-Pierre ſachant bien, comme nous l'avons dit plus haut, qu'elle devoit compter au nombre de ſes ennemis tous les militaires, tous les agens du pouvoir arbitraire, crut devoir chercher ailleurs des ſecours que la crainte ou les conſidérations particulières rendroient peu nombreux ſur ſon territoire. Elle en demanda à toutes les îles françaiſes, & toutes lui envoyèrent des hommes & des armes.

Les députés de cette ville vinrent à la Guadeloupe. Ils ſe préſentèrent à l'aſſemblée coloniale qui ſiégeoit à la Baſſe-Terre. Elle prit leur demande en grande conſidération, & nomma quatre de ſes membres, pour aller rétablir le calme à la Martinique. Une jeuneſſe ardente s'offrit pour les accompagner. L'aſſemblée les accueillit d'une manière flateuſe, & donna ſon approbation au choix qu'ils firent de Meſſieurs Dugommier & Fleury de Ramſay pour les commander. De toutes les parties de l'île, la jeuneſſe des villes & des campagnes les ſuivit, ou les précéda dans cette expédition; & la colonie leur fit fournir, & des armes & des munitions. Au moment du départ, M. Clugny voulut être du voyage; & la frégate la Senſible que M. Brayes avoit refuſée le matin, partit le ſoir avec le général.

Cette députation armée eut tout le ſuccès que l'on pouvoit deſirer. On rendit à Saint-Pierre une juſtice complette. La députation revint triomphante avec M. Clugny, & le drapeau national que l'aſſemblée avoit confié aux jeunes volontaires, fut replacé avec reſpect dans l'enceinte de l'aſſemblée. Cette première émiſſion de ſecours a été, comme on voit, l'effet d'une concordance vraiement patriotique entre l'aſſemblée coloniale, le gouverneur & la Baſſe-Terre.

Après que les cahiers de la Guadeloupe furent achevés, l'assemblée arrêta l'établissement des municipalités dans les deux villes, & des juges de paix dans les quartiers. Ensuite les députés étant prêts à partir pour France, elle nomma pour la représenter un comité dont les séances furent continuées à la Basse-Terre : la paix régnoit alors dans la colonie.

A la Martinique, au contraire, l'animosité des parties étoit montée au plus haut degré. Les mulâtres étoient réunis en armes au Fort-Royal. Les officiers de milice, les membres du conseil, & tous ceux qui tenoient à eux, ou à cet ordre de choses, y étoient rassemblés. Un appareil de guerre formidable menaçoit encore Saint-Pierre, lorsque M. Vioménil fut rappellé & remplacé par M. Damas. Ce général devint fou, ou passa pour l'être. L'assemblée coloniale ne se contint plus; elle manifesta ouvertement ses projets contre St.-Pierre; & cette ville craignant encore une attaque, recourut une seconde fois à la Guadeloupe.

La mission du député de Saint-Pierre occasionna la réunion du comité colonial & du comité municipal. Il exposa l'état & les allarmes de cette ville, & demanda des secours. Il n'y eut qu'un même avis : mais il fut exprimé par un cri général d'indignation. M. de Clugny qui assistoit à la séance, fut prié par les deux comités d'accompagner les députés qu'ils envoyoient à la Martinique; & les volontaires que M. Dugommier commandoit encore, invitèrent M. de Clugny à prendre le commandement général. Il ne céda à leur demande qu'en leur faisant jurer de ne rien faire que par ses ordres, & ils le promirent.

On leur fournit encore des armes, des munitions, ainsi qu'à ceux qui arrivoient chaque jour de la Pointe à-Pitre, de Sainte-Anne & de tous les quartiers de l'île. Dans ce même tems Marie-Galante, Sainte-Lucie, Tabago, accouroient au secours d'une ville malheureuse qu'on voyoit menacée d'une destruction totale, sans qu'elle parût avoir rien fait pour la mériter. Mais ſoit que la haine des partis fût portée trop loin, ſoit que les circonſtances ne fuſſent pas les mêmes, le général & les commiſſaires ne purent obtenir du comité intermédiaire de la Martinique & de Saint-Pierre, que la promeſſe réciproque de ne pas ſe nuire (5); & dès lors l'état des choſes étoit tel qu'on crut avoir beaucoup fait. M. de Clugny & les commiſſaires à leur retour, furent comblés des félicitations de tous les citoyens. Cette ſeconde émiſſion de ſecours a été encore, comme on voit, l'effet d'une concordance vraiement patriotique entre l'aſſemblée coloniale, le gouverneur & la Baſſe-Terre.

Mais revenons à notre aſſemblée coloniale. Elle avoit ſupprimé les milices, après des diſcuſſions qui occaſionnèrent les plus violens débats. L'orgueil n'abandonne pas ſans peine ſes hochets : il fallut y ſuppléer par une autre force publique, ſous le titre d'armement général. Ce fut encore le comité municipal qui s'occupa de la formation & de l'organiſation de cet armement dans ſon reſſort.

Mais le comité municipal propoſé par les adminiſtrateurs n'avoit pas, comme on l'imagine bien, une organiſation qui pût en aſſurer la durée : ce tribunal n'avoit ni partie publique, ni promoteur de l'intérêt de la ville : ferme dans les premiers tems de ſon inſtitution, on avoit déjà commencé à l'affoiblir en y jettant des ſémences de diviſions, lorſque les citoyens demandèrent la municipalité, dont l'aſſemblée avoit arrêté l'établiſſement le 31 mars : elle en avoit déterminé l'organiſation, fait les réglemens & fixé les attributions; mais rien encore n'étoit ſanctionné.

---

(5) Les lettres de notre députation n'exprimoient dès-lors que la douleur de voir le comité intermédiaire fortement rafermi dans ſon éloignement pour Saint-Pierre, éloignement qu'il faiſoit réjaillir juſques ſur les médiateurs, en les traitant avec une ſorte de dureté.

Le gouverneur paroiſſoit vouloir conſerver le comité. Celui-ci fatigué des murmures du peuple, invita Meſſieurs les adminiſtrateurs à venir dans ſon ſein, pour mettre fin aux difficultés qui s'élevoient ſur la ſanction. On fit jouer des reſſorts de toute eſpèce; mais enfin, les adminiſtrateurs ſanctionnèrent le 8 mai 1790. Tous les moyens n'étoient cependant pas épuiſés : il en reſtoit un de retardement; il fut mis en uſage (6).

Au nombre des attributions des municipalités, l'aſſemblée coloniale leur avoit donné celle de juger les billets juſqu'à 500 livres; & les comptes juſqu'à 300 livres. Elle nomma ſon comité permanent pour faire un réglement, tant ſur le mode de jugement, que ſur celui d'exécution. Le comité ne s'en occupoit pas; & ſans cela, dit-on, la municipalité ne pouvoit être inſtalée.

Le peuple prit patience juſqu'à l'arrivée du décret du 8 mars. Mais voyant la municipalité clairement exprimée par ce décrét qui précéda les inſtructions du 28, il nomma une députation & un orateur pour demander formellement au comité cet établiſſement.

---

(6) Les agens du gouvernement courroient les deux paroiſſes, en diſant aux uns, ce tribunal va nous couter conſidérablement, & nous aurons vingt tyrans au lieu d'un. Tel étoit le langage de l'état-major, des officiers de place. Votre municipalité, diſoit un particulier (l'abbé Baudriere,) dans une aſſemblée de paroiſſe, ſera un tribunal de vengeance & de haine : c'eſt une horreur qu'une pareille inſtitution. Et ce qui paroîtra bien inconcevable, c'eſt qu'on voyoit des perſonnes qui dans l'aſſemblée avoient donné leur voix pour la municipalité, au dehors s'élever contre cet établiſſement.

Il eſt ici une conſidération bien remarquable; c'eſt que tous ceux qui ont ainſi trahi la choſe publique ont eu des reſſentimens à venger, ou des eſpérances à réaliſer. Preſque tous ont reçu les faveurs du gouvernement pour eux ou pour les leurs; les autres ont tenu par vanité à un parti qu'ils penſoient leur donner un nouveaux luſtre.

Cette démarche mit dans une grande agitation vingt-huit citoyens de la ville (7), les mêmes qui depuis quelque tems prenoient tant de peine pour empêcher la création de ce tribunal. Ils s'aſſemblèrent & ſignèrent une adreſſe peu réfléchie, peut-être même dangereuſe, pour obtenir qu'il ne fût pas mis en activité. L'orateur du peuple exprima avec autant de force que de vérité, la ſituation des choſes, il fit ſentir que le peuble obéiroit à des magiſtrats qu'il auroit choiſis; que peut être même l'inſtant approchoit, où il ne voudroit obéir qu'à eux; qu'ainſi on ne pouvoit que charger des malheurs de l'anarchie & de l'inſubordination, tous ceux qui retardoient, de quelque manière que ce fût, l'établiſſement d'un tribunal auſſi néceſſaire. Il finit par demander l'adreſſe préſentée par les ving-huit citoyens oppoſans; mais ils reſtèrent dans le ſilence.

Le comité colonial, convaincu par la raiſon, crut enfin devoir inſtaler la municipalité, le 20 mai 1790. Le peuple qui fondoit ſon bonheur ſur le choix qu'il alloit faire de ſes magiſtrats, ne les nomma point dans la claſſe de ces hommes impatiens qui n'avoient choqué le gouvernement pendant quelques inſtans, que pour s'emparer de ſa puiſſance, ni parmi ces intriguans inquiets qui attendent toujours d'un nouvel ordre de choſes, une amélioration dans leur état. Le peuple ne vouloit ni des tyrans, ni des vampires, mais bien des ſages qui n'oubliaſſent jamais qu'ils rentreroient après deux ans ſous l'autorité qu'on alloit dépoſer dans leurs mains.

Alors tous ceux qui n'avoient flaté le peuple que pour l'aſ-

(7) Il eſt fâcheux pour la ville d'être obligée de le dire; mais elle doit ne rien taire qui puiſſe éclairer. Ces hommes étoient les amis ou les créatures du gouverneur; ce ſont eux qui toujours ont écrit que les bienfaits de la conſtitution n'étoient pas faits pour un pays d'eſclaves, & qui ne manqueront pas, eux & leurs proſélites, de faire des proteſtations contre le préſent hiſtorique.

ſervir, n'ayant pas été choiſis, devinrent les amis du gouvernement, & les ennemis les plus cruels de la Baſſe-Terre & de la révolution, dont elle faiſoit ſon idole. Ce ſont eux qui ont entaſſé calomnie ſur calomnie, & ce ſont eux qui forcent cette ville de les appeler mauvais citoyens; mais heureuſement le nombre en eſt bien petit. Et peut-être heureux du repos dont-ils jouiſſent à l'ombre des nouvelles loix, ils ne penſent plus à le troubler. Peut-être ſont-ils aujourd'hui des frères que nous devons chérir, autant que nous avions à les redouter autrefois.

Il a fallu développer cet événement, pour mettre dans ſon vrai jour les griefs les plus énormes qu'on eut alors à reprocher à notre ville vraiement coupable, aux yeux des mal-intentionnés, d'avoir voulu établir chez elle le premier ſoutien de la conſtitution : car, c'eſt de-là que ſont partis ſes ennemis les plus cruels.

L'aſſemblée coloniale fut convoquée à la Baſſe-Terre le 15 juin 1790, afin de prendre connoiſſance officielle des décrets. Elle vota la continuation de ſon activité, & s'ajourna au 10 août : elle invita en même-tems les paroiſſes à exprimer leurs vœux particuliers. Le peuple avoit cru voir que pluſieurs membres de l'aſſemblée avoient déjà perdu beaucoup de ce patriotiſme épuré qui les animoit tous lors des premières ſéances. Quelques-uns oubliant leurs ſermens, avoient ſollicité, obtenu même des places des adminiſtrateurs; & ces premiers eſſais promettant d'avantage pour l'avenir, il penſa que le gouverneur qui redoutoit autrefois les repréſentans de la première aſſemblée, ſe trouvoit enfin avec eux dans des rapports tels qu'il devoit craindre une nouvelle nomination de députés. Le public crut que M. de Clugny qui partit alors, & parcourut les paroiſſes où il avoit le plus d'amis, n'avoit d'autre but dans ſon voyage que de faire continuer des repréſentans, ſur leſquels il comptoit déjà beaucoup.

Preſque

Presque toutes les paroisses votèrent la continuation de l'assemblée & de ses représentans. Presque toutes recommandèrent la confirmation des cahiers.

La Basse-Terre qui voyoit déjà les partis se menacer, craignit avec raison de voir l'île en feu, si on touchoit à cette arche d'alliance. Elle prescrivit à ses députés de conserver dans toute son intégrité la constitution déjà consentie. Mais il falloit, d'après le nouveau mode de représentation, réduire ses députés; elle ne put donc les continuer tous, & comme il s'en trouva parmi eux quelques-uns de ceux qu'on avoit cru voir s'éloigner de la volonté du peuple, ils pensèrent qu'on les traitoit en ennemis, & ils allèrent se joindre à ceux qui n'avoient pas été nommés officiers municipaux.

La Basse-Terre eut donc encore quelques ennemis de plus, & la révolution quelques amis de moins. Ce fut le jugement qu'en porta le plus grand nombre.

La Martinique & la Guadeloupe virent quelques atteliers essayer des soulèvemens qui furent découverts au moment de l'exécution, les tribunaux de justice arrêtèrent bientôt la contagion par des châtimens prompts & sévères. Le levain parut détruit à la Guadeloupe; mais à la Martinique où le projet étoit plus vaste, mieux tissu, il resta toujours des craintes qui malheureusement se réalisèrent le 3 juin de l'année dernière.

Tandis que la Basse-Terre jouissoit de la paix, la Pointe-à-Pitre & Saint-Pierre furent agitées de nouveaux troubles.

A la Pointe-à-Pitre quatre citoyens furent arrêtés, traînés devant le comité municipal qui refusa de les retenir sans une dénonciation préalable. Ils essuyèrent de nouveaux outrages : cependant ils étoient innocens, ainsi que trois autres infortunés qui ont erré pendant long-tems comme des proscrits. Ils étoient innocens, disons nous, puisqu'on les a relâchés depuis, & qu'on les a priés d'accepter une forte d'indemnité en billets à ordre faits par le gouverneur, en son privé nom, & remis aux malheureux prisonniers par le comité colonial lui-même au nom de la colonie entière. Quelques représentans de cette même colonie, regardent aujourd'hui comme nuls des effets reçus sur la foi publique; mais éloignons ces fâcheuses idées pour suivre notre récit.

A Saint-Pierre où la dernière insurrection avoit laissé, comme nous l'avons dit, une fermentation sourde, mais cependant très-active, les gens de couleur qu'on pensoit avoir poussé les esclaves, & qu'on savoit faire corps avec ceux du Fort-Royal & du reste de la colonie, excitèrent une émeute dont les suites furent d'autant plus funestes, que le peuple voyoit d'un côté les effets de l'impunité de l'assassinat commis sur deux blancs, l'un maître d'équipage de la frégate du roi la Gracieuse, commandée par M. de Montgiraud, & l'autre, maître d'équipage du navire le Titus, de Bordeaux, commandé par M. Fizelier, par des mulâtres, qui furent condamnés à la mort par les premiers juges, & que le conseil par appel, se contenta de condamner au bannissement pour trois années (8); & de l'autre, le peuple voyoit l'exécution d'un grand projet de destruction tramé depuis long-tems; il fut d'autant plus sévère, qu'il croyoit avoir plus à craindre.

Quels qu'en fussent les motifs, le directoire crut devoir requérir M. de Damas de s'emparer de cette malheureuse ville. Ce général, entr'autres précautions, crut devoir écrire à M. de Clugny, pour le prier de contenir ses habitans, afin de les empêcher de se porter une troisième fois à la Martinique.

M. de Clugny étoit absent alors : M. de Fitz-Maurice ouvrit la lettre. Ce colonel dont la Basse-Terre se plaît à reconnoître la loyauté & l'honnêteté, crut devoir communiquer

---

(8) *Nota.* Que l'arrêt du conseil n'exprime le bannissement que du lieu où le crime a été commis; en sorte que les coupables ont pu demeurer, & ont réellement fréquenté tous les autres quartiers de la colonie.

officiellement à la municipalité, l'ordre de M. de Damas, afin d'en obtenir l'effet. Le peuple inquiet pour Saint-Pierre, courut en foule à la maison commune. Il est aisé de juger comment des hommes qui deux fois avoient été porter le calme à la Martinique, reçurent cette expression du général Damas: *Contenez vos habitans.* La lettre annonçoit une expédition contre St.-Pierre. Les deux causes excitèrent un cri d'indignation.

Peu de jours après, on apprit que cette ville avoit été conquise par une armée de terre & de mer, d'environ six mille hommes, avec un train considérable d'artillerie. Ainsi furent réalisées les menaces faites depuis si long-tems, & dont la Guadeloupe n'avoit pu que retarder l'effet, sans autre loi qu'une liste de proscription où chacun avoit placé son créancier ou son ennemi. Trois cents hommes furent arrachés du lit de leur femmes, des bras de leurs enfans. On peut juger des vrais motifs de cette expédition par ces mots, qu'un officier du régiment de la Martinique écrivoit à son ami à la Guadeloupe: *Enfin notre uniforme est vengé.* Soldats Français, depuis quand mettez-vous votre gloire à surprendre des français endormis, à les effrayer & à faire rougir un sexe timide? Nous ne rappelons ces événemens, que parce qu'un systême général embrasse toutes les colonies, & qu'il ne s'est presque rien passé à la Martinique, dont la Guadeloupe ne se soit ressentie.

Notre ville n'a jamais porté aucun jugement sur les troubles de la Martinique; mais le peuple, d'après la conduite violente & illégale de M. de Damas, crut avoir plusque jamais à redouter les effets du pouvoir arbitraire qui sembloit s'être réfugié dans les colonies. *Nul ne sera arrêté qu'en vertu de la loi*, disoit l'assemblée nationale; & trois cents citoyens avoient été livrés à la fureur de leurs ennemis, sous un simple ordre du gouvernement! la loi ne protégeoit donc plus le foible contre le forts!

Si M. de Damas, disoit-on, après s'être emparé de Saint-Pierre, avoit dit à l'hôtel-de-ville, voilà une force dont vous pouvez diſpoſer ; aidez le pouvoir judiciaire, & que les coupables ſoient punis ; M. de Damas béni de tous, eût été le vengeur de l'innocence, l'aſyle du foible. Mais le gouverneur déployant des forces pour ſe faire faire des adreſſes & favoriſer des vengeances particulières, ne fut plus aux yeux de la multitude qu'un homme foible, maîtriſé par des gens dont on devoit redouter les projets funeſtes.

Telle étoit ici la diſpoſition des eſprits, lorſque dans les premiers jours d'août des avis particuliers, venant de la Dominique, réveillèrent des craintes qui depuis quelque tems commençoient à s'établir.

Depuis l'inſtant où les miniſtres craignant de perdre leur domination ſur les colonies, avoient dit aux Etats-Généraux qu'elles ne comportoient pas le même ſyſtême de liberté que la France ; depuis ce tems on les avoit vus mettre tout en œuvre pour appuyer cette aſſertion, en y fomentant des troubles, des diviſions, afin d'y perpétuer un régime qu'on ſe propoſoit d'abord de rendre moins odieux ; mais que le tems n'a rendu que plus redoutable.

D'après ce ſyſtême, aujourd'hui malheureuſement ſi répandu, tout homme ami de la révolution, ſe trouvoit donc ennemi des agens du pouvoir arbitraire. Les citoyens d'une ville qui demandoient ouvertement le régime de la France, étoient donc fondés à tout craindre, ſi les dépoſitaires de l'autorité en conſervoient toute la force. Il n'eſt donc pas étonnant que des avis allarmans aient jetté un très-grand trouble parmi nous.

De la Dominique on avertiſſoit le conſeil municipal que deux officiers du régiment de la Guadeloupe y cherchoient des armes & des hommes, & que ces apprêts étoient deſtinés à faire partie d'une expédition contre la Baſſe-Terre. Alors on ſe rappela qu'un membre du comité colonial avoit dit, (probablement ſans raiſon) que bientôt on alloit enlever une trentaine de citoyens à la Baſſe-Terre, & qu'après, les autres ſeroient tranquilles.

Dans le même tems, des ſoldats du régiment de la Guadeloupe parloient à mi voix & à leurs amis ſeulement, de projets, de trame contre la ville. Le premier inſtant fut de frayeur. La réflexion éloigna les craintes; & l'état-major qui avoit mis cette affaire en juſtice réglée, fut prié par le comité colonial de l'abandonner, ce qu'il fit ſur le champ.

Que l'on réfléchiſſe un inſtant à ce que pouvoit notre ville avec une garniſon nombreuſe, dont les ſoldats vouloient la conſtitution; qu'on ſonge à ce qu'elle pouvoit, appuyée de pluſieurs quartiers! & elle n'a pas même ſongé à ſe prémunir contre les projets qu'on lui annonçoit; & c'eſt cette ville que l'on calomnie aujourd'hui d'une manière affreuſe!

Le 10 août, l'aſſemblée coloniale ſe réunit à la Baſſe-Terre. Il s'éleva d'abord des diſcuſſions ſingulières ſur le caractère & les droits à donner au gouverneur; mais elles furent ſuſpendues par des motions faites à l'occaſion des quatre priſonniers de la Pointe-à-Pitre. On demandoit leur élargiſſement proviſoire, & que leur affaire fût pourſuivie d'après la nouvelle forme criminelle que la France avoit déjà adoptée; mais les députés de la Pointe-à-Pitre s'y refusèrent abſolument comme le gouverneur. Ils quittèrent même l'aſſemblée, & le peuple juſtement ſoupçonneux, ſe perſuada que la crainte de mettre au grand jour un ſyſtême de vexation & de violence, faiſoit ſeule rejetter cette forme criminelle, ſi conſtamment refuſée; mais enfin le gouverneur ſanctionna l'arrêté de l'aſſemblée. La Pointe-à-Pitre ſe refuſa d'abord; elle ſe rendit enſuite; & cette affaire alloit prendre la plus grande publicité, en mettant les perturbateurs en évidence; mais alors on entama une négociation qui ſe termina, comme nous l'avons déjà dit, par l'élargiſſement des priſonniers, & la prière qui leur fut faite d'accepter une ſomme en dédommagement des pertes que leur avoient cauſé quatre mois de détention.

Qui pourroit penſer que le zèle que la députation de la Baſſe-Terre apporta dans cette affaire pour la mettre dans tout son jour, & la faire terminer d'une manière prompte & équitable, qui pourroit penser que ce zèle ait fait à notre ville des ennemis puissans & nombreux ? Telle est cependant la plus exacte vérité.

L'assemblée à sa rentrée, qui eut lieu le 23 août, reprit avec force la discussion sur les droits du gouverneur. Les uns vouloient le revêtir de toutes les prérogatives de la royauté ; les autres lui élever un trône ; & tous le rendre inviolable & cependant responsable. La Basse-Terre constante dans sa manière de voir, soutint que la royauté est incommunicable, & que le gouverneur devoit rester dans les termes de la simple représentation & du droit de sanction, jusqu'à ce que la France eût fixé la constitution des colonies ; qu'elle ne croyoit donc pas qu'il y eût rien à retrancher de l'autorité du gouverneur, mais y ajouter cette fameuse sanction, qui pouvoit cependant causer tant de maux. On voit ici la Basse-Terre arrêter un zèle inconsidéré qui nous portoit hors du cercle de la révolution. On verra bientôt à la Pointe-à-Pitre, les députés de la Basse-Terre défendre l'autorité du représentant du roi, qu'on vouloit rendre nulle dans notre systême. C'est ainsi que la Basse-Terre a toujours tâché de se tenir dans les bornes de la loi.

Nous l'avons dit, quoi qu'avec douleur, dans les premières pages de ce récit, tous les membres de l'assemblée n'avoient plus conservé la même opinion. Quelques uns avoient reçu des graces du gouvernement, d'autres en attendoient. Les commandans de milice étoient revenus de leur première surprise. Les grands propriétaires, les nobles, s'étoient réunis, avoient adopté un systême; aussi commença-t-on à voir dans l'assemblée de la Guadeloupe, un côté droit & un côté gauche. L'un vouloit conserver dans toute leur intégrité ces cahiers qui avoient été véritablement l'expression de la volonté de tous ; l'autre côté formé des amis du gouverneur ou du gouvernement, des barons, des marquis, des commandans militaires, ce côté, disons nous, en vouloit l'anéantissement.

Lorsqu'on s'apperçut que ce travail, par sa conformité avec le décret du 8 mars, remplissoit les vues de l'assemblée nationale envers la colonie, on voulut le détruire, pour y substituer un mode de gouvernement qui fût absolument l'ancien régime sous un autre nom. Il n'est pas possible d'imaginer toutes les petites ruses qui furent employées pour acquérir le droit de défaire ce que les paroisses avoient défendu de toucher. On mit enfin la coignée à l'arbre de la constitution, & depuis, sans pudeur, quatre à cinq personnes en ont tellement travaillé les branches, qu'elles sont parvenues au tronc, & elles continuent de le détruire depuis un an par des arrêtés pris en incompétence, par des lettres à nos députés, & par des adresses aux assemblées de paroisses, même à l'assemblée nationale.

Le peuple, chez qui l'instinct est si puissant applaudissoit souvent les défenseurs de ses droits, en improuvant quelquefois ceux dont le civisme ne lui paroissoit pas aussi marqué; c'est ainsi qu'à Paris une galerie innombrable témoigne sa reconnoissance aux Mirabeaux, aux Barnaves, aux Lameth, &c. par des applaudissemens qui retentissent dans tout l'univers; c'est de même aussi que quelquefois le peuple murmure quand quelqu'autres lui paroissent plus occupés des intérêts du clergé & de l'autorité royale, que du bonheur de tous.

On commençoit à penser que le gouverneur & les habitans de la Grande-Terre, par une suite de leur vues particulières d'intérêt, vouloient faire passer l'assemblée coloniale à la Pointe-à-Pitre. Le peuple n'en douta plus, lorsqu'on entendit M. de Bondoire & quelques autres, adresser aux galeries des phrases dures & même malhonnêtes. Dans le même tems les personnes attachées au gouvernement, se mêlant parmi la jeunesse, l'excitoient de mille manières. Un jour enfin, l'un de ces hommes au moins inconsidéré, placé dans les galeries, se répandit en invectives si forte contre des membres de l'assemblée, qu'il fut dénoncé sur le champ. Il fut réprimandé; l'on reçut ses excuses, & deux jeunes gens de la ville le conduisirent au gouvernement où il demeuroit; mais la Basse-Terre seule fut accusée des fautes de quelques membres de l'assemblée qui n'étoient pas de la ville. On verra bientot si ces mêmes hommes ont été plus sages ailleurs.

Enfin, le 28 août elle se sépara, en s'ajournant pour le 15 octobre à la Pointe-à-Pitre, quoiqu'elle eût arrêté à sa première session qu'elle siégeroit à la Basse-Terre jusqu'au 15 janvier, mais il est encore un fait important que nous ne voulons pas omettre. On trouva le 30 août au matin une corde à nœud coulant attachée au réverbère qui étoit en face du lieu où se tenoit l'assemblée. Cette corde qui avoit été nuitamment placée, fut portée à la municipalité, où elle fut visitée par les membres les plus bruyans de l'assemblée; on remarqua leurs cris d'indignation, leurs clameurs, leurs exhortations mutuelles, à fuir une ville où l'on n'étoit plus en sureté. Eh ! quelle preuve plus forte peut-on donner de l'innocence de cette ville, de la sagesse de son peuple, que la patience avec laquelle il supportoit des apostrophes aussi injurieuses, aussi multipliées, & les marques de mépris, d'aversion, dont on se plaisoit tant à l'accabler par-tout !

La Basse-Terre est bien éloignée d'accuser ici l'assemblée entière. Le plus grand nombre de ceux qui la composoient, abstraction faite de leurs opinions, mérite toute son estime; & c'est pour eux seulement & les gens honnêtes qui leur ressemblent, qu'elle a essayé quelquefois de se justifier.

La municipalité a fait des recherches inutiles contre les auteurs de cette incartade. Le peuple qui veut toujours une cause qu'il connoisse, à fini par soupçonner les ennemis de la Basse-Terre eux-mêmes d'une action dont tous les citoyens de cette ville ont été consternés. Il falloit à ces ennemis un fait tranchant, qui servit de prétexte à leurs calomnies.

Dans ce même-tems on vit disparoître l'aide-de-camp du général,

général, le même homme qui avoit causé à l'assemblée la rumeur violente dont nous avons parlé. Accablé de dettes, il étoit parti, sans donner la caution d'usage, quand on sort d'une de nos îles, & sans avoir pris congé de la municipalité. Ainsi disoit le peuple, qui se plaint si souvent parce qu'il a si souvent sujet de se plaindre; ainsi les dépositaires de la loi ne peuvent lui être soumis; ainsi le représentant du roi dispose de notre fortune, de notre vie, & il est inviolable ! Le ministre prévaricateur fuit la peine due à son crime à Paris, sous les yeux du peuple français, comment à dix-huit cents lieues de lui obtiendrions nous justice? . . . Le peuple cependant se contenta de murmurer; mais il sentit plus que jamais qu'un représentant du roi que la loi ne peut atteindre, seroit pour lui l'être le plus dangereux, le plus fait pour rendre la nouvelle constitution odieuse dans les colonies : & le peuple ne fit que murmurer !

Mais parcourons maintenant avec plus de rapidité les époques multipliées de notre histoire.

La colonie satisfaite des sentimens que le régiment de la Guadeloupe avoit montrés dans les premiers instants de la révolution, avoit demandé à l'assemblée nationale qu'il nous fût conservé. Mais dès qu'on parla des municipalités, on vit plusieurs de ces officiers se joindre aux détracteurs de ce régime. Les citoyens inquiets avoient demandé que les corps militaires prêtassent le serment civique déjà prêté par toute la France. Ils virent avec chagrin ces corps balancer d'abord, & refuser ensuite. Il fallut toute l'adresse de M. de Clugny, pour déterminer des français à jurer d'être fidèles aux loix de la nation française; le serment fut prêté sur le champ de mars, devant les officiers de la sénéchaussée. Le colonel, homme sage & bon citoyen, M. de Pontèves, aîné, & quelques autres officiers y mirent cette loyauté qui est la base du caractère militaire; mais aussi d'autres, même de ceux qui devoient le plus chérir la révolution, ne jurèrent qu'avec un air de contrainte, un air d'humeur qui diminua de beaucoup l'amitié confiante qu'on leur portoit. Peu de tems après, lorſqu'il eut été arrêté que les ſoldats deſtinés à la garde de la ville, ſeroient à la diſpoſition des municipalités, on vit laiſſer le commandement des poſtes à des caporaux, & retirer dans les forts les officiers, même les ſergens.

Cette nouvelle preuve de l'éloignement de ces meſſieurs pour l'ordre qui s'établiſſoit, fut alors rapprochée du ſerment; & les bons citoyens en furent vivement affligés.

Enfin, le premier ſeptembre 1790 arriva. Le même jour qui vit la priſe du FORT-BOURBON & du FORT-LOUIS à la Martinique, le régiment de la Guadeloupe ſortit du FORT Saint-Charles, & vint ſe préſenter dans le plus grand ordre à la municipalité, pour y renouveller volontairement le ſerment civique qu'on en avoit exigé avant (9). De-là il alla au comité colonial, où il dépoſa près du drapeau national deux étendarts, gages de ſa fidélité à la conſtitution.

Le lendemain, le comité colonial & la municipalité envoyèrent au fort des députés, pour témoigner au régiment toute leur ſatisfaction, Ils y furent reçus par-tout l'état-major qui parut très-ſenſible à cette démarche. Cependant le corps d'officiers ſe plaignit hautement de cet événement, tandis que chaque ville de France en voyoit avec tranſport de ſemblables ſe renouveller dans ſon ſein. Les ennemis de la BAſſe-TERRE ſe ſont plu à répandre des cauſes ſi diverſes & toujours à ſa charge d'une choſe ſi naturelle, qu'elle ſe voit aujourd'hui forcée à en réveller les véritables.

Ce régiment paroiſſoit attendre en ſilence le réſultat des délibérations de l'aſſemblée dont il étoit ſans ceſſe témoin. Dès le mois de janvier on voyoit les officiers uſer envers les

---

(9) Il n'avoit paru alors aucun décret de l'aſſemblée nationale ſur l'organiſon de l'armée.

ſoldats d'égards ſi marqués, d'une politeſſe ſi recherchée; ils étoient ſi attentifs à ne pas ſouffrir qu'un de ces hommes ſe déplaçât pour eux, à s'excuſer auprès de ceux qu'ils coudoyoient par haſard, qu'on ne pouvoit s'empêcher de remarquer ces ſoins affectés qui embarraſſoient même les ſoldats. Les officiers auparavant ſi hauts, ſi impérieux, ſe mêloient aux converſations générales, aux petits groupes que la chaleur appelle ſous les arbres du cours. Ils étoient polis; mais ſur-tout ils exprimoient leurs craintes que le ſoldat ne vînt à intervertir l'ordre & la diſcipline militaires. C'étoit par attachement pour nous, autant que par prudence qu'ils nous avertiſſoient. Certainement ces motifs étoient louables.

Les ſoldats dans les colonies ſont répandus chez tous les citoyens où ils trouvent de l'emploi à la campagne : outre ceux-là, on reçoit avec affabilité ceux qui viennent ſur les habitations. Par-tout il eſt d'uſage de les traiter honnêtement, en raiſon des rapports que permet l'éducation qu'ils ont reçue (10). Quand même ils n'auroient pas trouvé à l'aſſemblée des lumières ſuffiſantes, le commerce des citoyens à la ville & à la campagne, auroit empêché qu'ils reſtaſſent dans une profonde ignorance de l'état des choſes; comme il étoit impoſſible auſſi, que ce qui ſe paſſoit dans la maſſe du régiment, ne perçât pas au-dehors : c'eſt ce qui arriva. M. de Barail, ci-devant marquis, colonel en ſecond du régiment, veniot d'europe, connoiſſoit l'état de la France, il avoit vu confondre les trois ordres, anéantir le titre qui faiſoit ſon exiſtence dans le monde. La préſence d'un homme de ſon rang, autrefois aimé du ſoldat, parlant de la révolution d'abord avec égard, fut plus que ſuffiſante pour exalter des têtes qui pour la première fois oſoient penſer & réfléchir. Il

(10) Il eſt pourtant eſſentiel d'obſerver qu'à la Baſſe-Terre on ne les a jamais invités ni à boire ni à manger, quoiqu'on l'ait avancé fort ſouvent.

manifesta qu'il étoit utile qu'en continuant à être le père du soldat il prit soin de l'instruire. Il lisoit aux compagnies les papiers publics, ils les commentoit, il crut même devoir entamer en leur faveur une correspondance polémique avec l'auteur du courier des petites Antilles. La lettre de M. de Barail étoit bien écrite; mais les reproches que lui faisoit le gazetier paroissoient assez fondés, pour qu'on pût mal interprêter les soins affectueux du second colonel.

Bientôt les soldats parurent s'éloigner de la ville; on ne les y vit plus, & le fort fut pour nous une terre étrangère. D'autres événemens qui se succédoient avec rapidité, empêchoient de remarquer cette espèce de scission. A la promenade des bourgeois rencontrèrent des militaires. Le soldat est franc, ouvert. Ceux-ci se plaignirent les premiers du mépris & de la mauvaise opinion que les citoyens avoient d'eux. On leur répondit qu'avertis par leurs officiers de leur éloignement pour la discipline militaire, prévenus par ces messieurs qu'il y avoit parmi eux une foule de sujets dangereux qui étoient prêts à tout saccager, il n'étoit pas étonnant qu'on fût inquiet sur leurs compte. Cet éclaircissement empêcha des malheurs, qui à la première occasion auroient été une suite inévitable de la persuasion où étoit le soldat, que l'honneur du corps étoit blessé. C'est en partie à cette funeste idée répandue dans le régiment de la Martinique, qu'on doit attribuer les maux qui ont désolé cette colonie. L'inquiétude augmenta par-tout; & comme on le pense bien, la prévention contre une partie de l'état-major ne put que s'accroître. Elle affligea les gens sensés qui voyoient avec peine beaucoup d'hommes estimables, se laisser aller au torrent pour servir les haines ou les vengeances d'autrui. Cependant messieurs Fitz-Maurice, Pontèves, Roger, & quelques autres conservoient encore la confiance publique. Mais ce fut inutilement qu'on vint après dire aux citoyens qu'ils couroient risque d'être égorgés. Nous étions trop éclairés sur nos propres intérêts pour regarder comme notre ennemi, & celui de la révolution, le soldat pour qui sur-tout elle paroissoit avoir été faite. Les procès-verbaux de l'assemblée nationale, les rapports des différens troubles excités dans le royaume, nous apprenoient d'ailleurs que presque par-tout les états-majors, pour empêcher la réunion du soldat & du citoyen, avoient employé les mêmes manœuvres, & que les ministres favorisoient de tout leur pouvoir tout ce qui tendoit à retarder la marche de la révolution : par-tout le même mouvement étoit donné.

L'éclaircissement dont nous venons de parler eut lieu vers la fin d'août. Il fomenta quelques jours dans les compagnies. Enfin le premier septembre tout le corps alla par députation demander à l'état-major la permission de se réunir à la ville, en se présentant à la municipalité. Il sortit des forts en ordre. Les colonel, lieutenant-colonel & le major, furent au-devant de lui. Les soldats burent & présentèrent à boire; mais on rentra comme on étoit sorti. Cette démarche des troupes de ligne, que l'assemblée nationale a toujours applaudie, ici ne fut pas vue de même œil. Ici comme à Hesdin, les officiers improuvoient cet acte de civisme; ils disoient que des citoyens donnoient du vin à la troupe. La suite de ce mémoire prouvera qui mérite ce reproche, & qui a plus fait pour introduire le désordre.

Il suffit maintenant pour la Basse-Terre qu'elle invite l'assemblée nationale & tous les français à chercher la vérité dans la bouche & dans le cœur de plus de huit cent soldats qu'on a fait repasser en France. Ils sont maintenant loin des lieux où l'on dit qu'ils ont été séduits. Qu'ils parlent; & s'ils accusent un de nous, nous le livrerons à la rigueur des loix. Mais qu'elle est donc la séduction? Où donc existe-t-elle? Est-ce dans ce pacte fédératif ordonné par les ministres, dont on avoit, il est vrai, caché la lettre, pacte demandé à tous ses sujets par le meilleur des rois? Peuple français, telle eſt encore notre malheureuſe ſituation, que les actions magnanimes que vous couronnez, ſont parmi nous des crimes, qu'on punit par le banniſſement & l'infamie. Mais on ceſſeroit peut être de s'accuſer ainſi, ſi l'on réfléchiſſoit ſur la marche des événemens, depuis les premiers inſtants de la révolution. On verroit qu'il ne s'eſt rien paſſé ici qui n'ait eu lieu dans toute la France.

Ici les ſoldats étoient tous les jours à l'aſſemblée; les travailleurs s'inſtruiſoient chez les habitans où ils demeuroient, & ces travailleurs faiſoient au moins le quart du régiment. Il étoit donc impoſſible qu'ils ne fuſſent comme autrefois que des automates. Au milieu de ce concours de lumières arriva le mémoire de M. Vernier, quartier-maître de ce même régiment, qui les éclaira ſur leurs intérêts. Ici comme dans toute la France ils demandèrent ce dont ils croyoient avoir été fruſtrés; ils reçurent quelqu'argent & quelques effets. A Tabago, l'effet de leur demande fut plus marqué. On rappela à la Guadeloupe les compagnies qui avoient donné le ſcandale. A la Martinique, les artilleurs firent le même mouvement. M. de Vioménil avec preſque tous les officiers militaires n'échapèrent au danger qu'en rendant juſtice, à l'aide du crédit que M. Foulon trouva dans la ville de Saint-Pierre. Ainſi le tems de la juſtice étant venu par-tout preſqu'au même inſtant, les opprimés s'étoient réveillés; mais par-tout les ſoldats, en comptant avec leurs officiers, avoient perdu toute confiance en eux; & nulle part les officiers n'agiſſoient de manière à la regagner, parce qu'ils étoient toujours entre le ſoupçon, l'eſpérance & la crainte. Ils ne comptoient donc plus ſur leurs ſoldats. Alors n'appercevant pas la vraie cauſe des inquiétudes au milieu deſquelles ils vivoient, ils ont accuſé les citoyens de ſéduction, & les ſoldats de rébellion.

La révolution plus avancée a fait ſentir au peuple & aux ſoldats, qu'elle étoit faite, par eux & pour eux, qu'ils devoient ſe réunir pour la défendre & pour en jouir. Dans les colonies ſeulement cette réunion n'avoit pas eu lieu. Ils durent enſemble penſer à l'opérer; elle dut ſe faire d'elle-même & ſans projet.

Dès-lors le peuple faiſant corps avec la troupe; il dut participer au peu de confiance qu'elle avoit en ſes chefs; & ceux-ci durent faire partager aux citoyens leur haine pour leurs ſoldats. C'eſt donc à la révolution ſeulement qu'on doit les premiers élans des troupes vers la liberté; & c'eſt au mémoire de M. Vernier & à l'aſſemblée nationale elle-même qu'il faut attribuer le mouvement jetté dans quelques états-majors par des réclamations légitimes, ſans doute, puiſqu'on y a fait droit.

Tel a été cet événement pour lequel on s'eſt attaché à chercher un principal auteur. Le deſir de la Baſſe-Terre, en le dévelopant autant qu'elle l'a fait, n'a été que d'éteindre les calomnies dont on l'accable depuis long-temps, & détruire la ſource des défiances, des ſoupçons, de haines, que des méchans ne ceſſent de répandre dans la colonie, entre des hommes qui devroient vivre en frères.

Deux ou trois jours après, on apprit à la Guadeloupe la priſe des deux forts de la Martinique. Le peuple en témoigna toute ſa joie; & dans le fait il avoit été prévenu contre M. Damas, par les violences qu'il avoit exercées dans Saint-Pierre; il avoit été indigné des traitemens qu'on avoit fait ſouffrir aux priſonniers; & il étoit révolté de voir ces mêmes priſonniers jugés par leurs capteurs ou leurs parens, les amis de ceux qui étoient venus les arracher avec des violences inouies à leurs femmes, à leurs enfans. Le peuple étoit-il donc injuſte? Et qu'eſt-donc que le droit de réſiſter à l'oppreſſion, s'il n'a pas lieu dans cette circonſtance? D'ailleurs, nous avions reçu depuis long-tems des avis ſur notre propre ſureté; nous croyons avoir des ſujets de crainte. M. Damas occupé à la Martinique, ne pouvoit plus rien contre nous ; mais nous devînmes infiniment avides de nouvelles.

C'eſt dans cette circonſtance que dans les premiers jours de ſeptembre on vit un bâteau approcher notre rade, y louvoyer d'une manière ſuſpecte ; une chaloupe s'en détache & vient débarquer deux paſſagers à la cale de l'intendance, en paroiſſant éviter celle où deſcendent toujours les perſonnes qui viennent du dehors ; ils évitoient ainſi de paroître à la municipalité (11).

Plus la chaloupe du bateau avoit l'air de prendre des meſures, plus les citoyens s'attachèrent à les rompre. Il s'en tranſporta un grand nombre à la cale de l'intendance, où MM. Papin - Leſpine, frères, avoient été reçus par M. de Falquiere, capitaine des grenadiers du régiment, qui les avoit conduits à M. de Clugny. (Pourquoi cette démarche de M. de Falquiere, capitaine du régiment?) Ces meſſieurs étoient déjà dans le cabinet du général, lorſque les citoyens ſe voyant gagnés de vîteſſe y montèrent. M. de Clugny finiſſoit de lire une des lettres. Ceux-ci qui attendoient avec inquiétude des nouvelles de la Martinique lui demandèrent la dépêche pour la porter à la municipalité. La circonſtance étoit trop preſſante pour la refuſer ; auſſi M. de Clugny la donna-t-il (12) : elle étoit de M. de Damas, & datée du 6 ſeptembre. MM. Papin - Leſpine frères, furent conduits à la municipalité, ſur le refus qu'ils avoient fait de s'y rendre.

---

(11) Il faut obſerver que depuis que la municipalité eſt établie, l'état-major de la ville & quelques citoyens oppoſans détournoient autant qu'ils le pouvoient les arrivans de s'y rendre, les patriotes au contraire obſervoient avec grand ſoin ceux qui débarquoient & venoient à la maiſon commune, pour y apprendre des nouvelles.

(12) Des papiers publics ont dit que M. Dugommier, citoyen célèbre par ſon patriotiſme, ſon courage & la conſervation de Saint-Pierre, avoit arraché la lettre des mains du général. Cette aſſertion eſt abſolument fauſſe ; M. Dugommier n'étoit alors ni chez le général, ni avec la multitude, la preuve en eſt conſignée à la municipalité.

l'indignation

Quelle ne fut pas l'indignation des citoyens d'entendre que M. Damas, après avoir parlé du parti qu'avoient pris les troupes de s'emparer des forts, écrivoit *dans un tel état de chofes, vous voyez M. que je ne puis vous fournir aucune forte de fecours.*

La commotion fut générale dans toute la ville. Les amis du gouvernement parurent la partager. L'on fe rappela le ferment prêté de fi mauvaife grace, les foins, les attentions de M. du Barail & d'autres officiers pour les foldats; fes lettres qu'on interprêtoit d'une manière défavorable; les femences de mépris & de haine jettées par les officiers entre la troupe & les citoyens; on fe rappeloit encore le départ pour France, avec des cartouches jaunes, de tous les foldats qui s'étoient montrés patriotes; l'enlévement de quatre de ces malheureux qui étoient venus au comité demander juftice, enlévement fait par l'état-major lui-même, le fabre à la main; on rapprochoit de ces confidérations les miffions fecrètes que le gouvernement donnoit depuis quelque tems, d'abord à des officiers de marine, enfuite à des lieutenans du régiment, enfin, à des capitaines qui partoient de tems à autre pour la Martinique; La miffion de M. Rochebrune & les voyages fréquens des bas-officiers du régiment, que le peuple difoit aller dans les paroiffes porter des lettres aux amis du gouverneur. On ne douta plus que les avis de la Dominique ne fuffent fondés, ainfi que le bruit qui couroit depuis fi long-tems qu'on vouloit s'emparer de la Baffe-Terre, & y enlever un nombre de citoyens, comme on avoit fait à la Pointe, comme on avoit fait à Saint-Pierre d'une manière fi affreufe : on n'en douta plus, difons nous, quand on vit paroître devant notre rade l'efcadre qui s'étoit emparée de Saint-Pierre : mais revenons à l'ordre des faits.

Le confeil de la commune prit connoiffance de la lettre; mais ne voulant rien prendre fur lui, il l'envoya en original au comité général colonial par une députation. Elle revint accompagnée de deux députés du comité général, MM. Quin

& Lasalle, représentans de Sainte-Anne & du Petit-Bourg. Ces Messieurs invitèrent le conseil général à se réunir au comité, afin d'augmenter, autant qu'il seroit possible, le jour qu'on jetteroit sur cette affaire.

Il falloit d'ailleurs en imposer, par une représentation nombreuse, à une multitude effrayée du danger, auquel elle se croyoit encore exposée.

La réunion des deux corps se fit sur le champ à la salle du spectacle. Toute la ville & les habitans des campagnes voisines abondèrent dans les galeries. Il fut arrêté d'envoyer au gouverneur une députation pour avoir connoissance de ses copies de lettres, afin de connoître celle qui avoit donné lieu à la réponse de M de Damas; & on fut conduit à cette demande, par l'assurance qu'il donna *de n'avoir rien écrit qui pût lui attirer cette réponse*. M. de Clugny trouvoit donc alors dans la lettre de M. de Damas, tout ce qu'y voyoit le peuple, & il ne l'interprétoit pas alors comme il l'a fait depuis aux paroisses ! M. de Clugny répondit à la députation sur sa parole d'honneur *qu'il n'avoit conservé copie d'aucunes lettres depuis trois mois; ce qu'il répéta par trois fois.*

La réponse de M. de Clugny, loin de calmer l'agitation publique, ne fit que l'augmenter, parce qu'on y voyoit une précaution prise contre les événemens tels que celui du moment. Cette idée étoit appuyée par le souvenir des voyages fréquens faits par ordre du général à la Martinique & autour de notre île, même jusques dans les îles étrangères. D'ailleurs on lui objectoit la présence des vaisseaux sur nos côtes; il répondit que le départ en avoit été déterminé, & qu'apparemment ils avoient été retenus par les vents. Enfin, M. de Clugny protesta *qu'il ne participoit en rien aux inculpations que pouvoit contenir la lettre de M. de Damas, & que dans aucun cas il ne devoit partager le reproche à faire à celui-ci* (13).

(13) Cependant peu avant, M. de Clugny écrivoit à M. de Damas

On rapprocha l'arrivée de MM. Papin, du départ furtif de M. Rochebrune, chargé des ordres particuliers de M. de Clugny. Alors le général se récria, qu'à la manière dont on se conduisoit à son égard, sa vie ne seroit bientôt plus en sureté. L'officier municipal lui répondit que parmi des citoyens aussi honnêtes que ceux de la Basse-Terre, elle étoit en pleine sureté.

M. de Clugny qui, pendant ce tems, avoit cherché une réponse, reprit qu'à l'égard du sieur Rochebrune, il étoit parti en effet par son ordre avec un bâtiment chargé de vivres pour Tabago, & qu'il avoit profité de l'occasion pour l'envoyer à la Trinité espagnole, s'informer des affaires de cette île près de dom Chacon, qui en est le gouverneur (14). On lui répondit qu'il n'avoit pas fait une expédition de vivres, sans en faire mention officielle sur son registre, & que c'étoit à la communication de ce registre, que se bornoit la demande de la députation.

M. de Clugny parut se débarasser de l'argument par un mouvement d'impatience & de dépit, en disant qu'il se trouvoit moins libre que le moindre citoyen; & il réitéra sa protestation *qu'il n'avoit aucune copie de ses lettres*.

La députation rentrée & son rapport fait, le comité & la

---

des félicitations sur sa bonne expédition de Saint-Pierre, & lui demandoit un pareatis pour faire arrêter les réfugiés de cette ville qui étoient à la Guadeloupe : car il n'osoit pas dans l'état actuel des choses *user de violence*. Cependant ailleurs il disoit, *je ne puis rien, les équipages ne veulent pas marcher*.

(14) On a sçu depuis que M. Rochebrune étoit parti sans vivres, que d'ici, il étoit allé au Fort-Royal, du Fort-Royal à Ste.-Lucie, où le bricq lui en donna, il fut ensuite, il est vrai, à Tabago & à la Trinité espagnole. Au surplus une lettre écrite par M. Rochebrune à M. de Clugny, remise par ce gouverneur, & datée de Ste.-Lucie le 6 septembre 1790, prouve qu'il est allé au Fort-Royal, & on a sçu depuis qu'il étoit chargé d'une dépêche pour M. de M. Damas.

municipalité consignèrent tous ces faits dans leur procès-verbal, & arrêtérent d'entendre MM. Papin - Lespine frères, le capitaine & l'équipage du bateau qui les avoient amenés. On y procéda sans désemparer. Le peuple à qui rien n'échappe, avoit déjà pénétré que le mulâtre capitaine du bateau étoit un bâtard de la famille Dubuc, que le bateau & même l'équipage, appartenoient au président de l'assemblée de la Martinique : on n'en fut que plus ardent à croire que cet ennemi de Saint-Pierre excitoit aussi M. de Damas contre la Basse-Terre. En rassemblant tout ce qui s'étoit passé, tout ce qu'on avoit encore sous les yeux, la Basse-Terre étoit-elle donc répréhensible de songer à sa propre sureté?

Ici néanmoins il faut convenir d'une vérité : elle est respectable, quand elle est présentée par une ville qu'on accuse, & que cette vérité n'est pas en sa faveur.

Pendant l'instruction de cette affaire, chaque découverte, chaque réponse du gouverneur, avoient aliéné les esprits contre MM. Papin - Lespine, qui, s'étant chargés d'une mission qu'ils voyoient suspecter avec bien de la raison, tergiversoient dans leurs réponses. Une voix s'éleva des galeries & cria à la lanterne. Il est par-tout des énergumènes; toutes les villes de France ont eu les leurs; dans toutes les colonies il s'est commis des meurtres, excepté à la Guadeloupe & à Sainte-Lucie; la Pointe à-Pitre a vu le pistolet sur la poitrine de son commandant, des citoyens arrêtés, ses assemblées de paroisses forcées par des gens armés; elle a vu dans ses murs les habitans de la ville & de la campagne prêts à s'égorger; elle a vu les nègres de ses environs en insurrection; elle a vu enfin, un grand nombre de malheurs, tandis que personne ici n'a couru de véritables dangers. Il y a plus, c'est qu'à peine cette voix s'étoit fait entendre, qu'une autre voix du sein de l'assemblée même rappela à la galerie toutes les vertus du citoyen, & sur-tout la modération, le respect dû au comité & à la municipalité réunis, & mit les deux MM. Papin sous la protection de la galerie. Le ſuccès fut complet ; & la voix incendiaire ne ſe fit plus entendre, ni aucune autre.

Loin d'en vouloir à la Baſſe-Terre de cet incident, on ſera peut être plus porté à s'étonner qu'il ſe ſoit terminé de cette manière, quand on ſaura qu'il y avoit alors ici un grand nombre d'étrangers de toutes les nations, qu'il y avoit encore beaucoup de réfugiés de Saint-Pierre, dont les malheurs touchoient d'autant plus le peuple, qu'il ſe croyoit prêt à les partager. Un de ces infortunés avoit reproché à l'un de MM. Papin, d'être entré chez lui armé de ſabre, de fuſil, de piſtolets, lors de l'invaſion de Saint-Pierre par les habitans; & M. Papin en étoit convenu. Il lui avoit reproché d'avoir commis des vexations étranges chez lui, dont la femme étoit alors en couches. Nous le demandons aux gens les plus froids : une pareille converſation tenue au milieu d'une multitude effrayée autant qu'irritée, dut elle la laiſſer tranquille & paſſive?

Un des MM. Papin interrogé s'il n'avoit pas d'autres lettres, en préſenta une de M. Duroüil à l'adreſſe de M. Bordié. Tout paroiſſoit précieux aux yeux d'un peuple allarmé. M. Bordié fut prié de donner lecture de ſa lettre à l'aſſemblée, ce qu'il fit. Par cette lettre datée du Gros-Morne, le 7 ſeptembre 1790, M. Duroüil écrivoit : « Mes reſpects à M. de » Clugny : je ſuis bien fâché de n'avoir pas la poſſibilité de » lui répondre pour lui rendre les comptes que je lui dois ; » mais le directoire colonial m'a dit l'avoir fait ».

Nouvelle députation à M. de Clugny, pour avoir communication des lettres qu'il avoit reçues du directoire; mais il donna ſa parole d'honneur qu'il n'avoit rien reçu, & que s'il lui parvenoit quelques nouvelles, il s'empreſſeroit de les rendre publiques; & pour preuve de ſa bonne volonté, il remit de lui-même quelques lettres miniſtérielles, entr'autres celle au ſujet de la fédération du 14 juillet, que le miniſtre appeloit *une eſpèce de fête civique.* Elle ne fit qu'indiſpoſer d'avantage les eſprits, parce qu'elle rappela les obſtacles mis à cette fédération par le général & son état-major, & les violences atroces commises envers les soldats qui avoient osé se dire patriotes, enfin, parce qu'on savoit que cette lettre étoit arrivée deux mois auparavant au Fort-Royal, par un *aviso*. On avoit embarqué les soldats par 40, 50 & 100, ayant le soin de mettre parmi eux quelques mauvais sujets deshonnorés par des vols, & jugés par leurs camarades.

Cependant le bruit courut que dans le moment où le général livroit la lettre à l'empressement de la multitude, & non pas *spontanément de son plein gré, comme l'écrivoit M. de Clugny aux paroisses*, il en glissoit une autre à un officier d'artillerie ; mais la ville ne donne ce fait que comme un bruit que les circonstances rendoient assez vraisemblable.

Après l'information, le comité & la municipalité se séparèrent pour reprendre leurs fonctions.

C'est ici le lieu de rappeler qu'un mulâtre du bateau des MM. Papin, dit avoir vu le vaisseau l'Illustre couler à fond un bricq chargé de monde, allant de Saint-Pierre au Fort-Royal. Ce fait qui fut reconnu faux dans la suite, contribua à jetter dans les galeries ce mouvement terrible, qui fit crier à la lanterne. Cependant dans cette même séance, M. Pautrizel fils, aujourd'hui maire de la Basse-Terre & M. Dugommier, tous deux membres du comité, MM. Artaud & Roland le Grant officiers municipaux, s'élevèrent avec assez de force en faveur de MM. Papin - Lespine, pour que le peuple en murmurât ; & néanmoins même dans cette affaire on a inculpé M. Dugommier, & MM. Papin, par leur silence, ont semblé approuver ce qu'on en disoit.

Enfin, le comité & la municipalité renvoyèrent ces MM. Papin, après avoir pris toutes les précautions possibles pour qu'ils n'eussent rien à craindre dans la colonie des préventions du peuple. Il faut observer ici que si la Basse-Terre avoit, comme on l'a prétendu, embrassé aveuglement le parti de

Saint-Pierre, elle n'auroit pas traité ainſi des hommes que tant de circonſtances déſignoient comme les émiſſaires de M. Damas & du Gros-Morne, ce que la ſuite a parfaitement démontrés.

C'eſt auſſi dans cette ſéance que M. de Clugny offrit de ſe préſenter à l'aſſemblée; mais le reſſentiment du peuple étoit trop grand, pour ne pas craindre que ce gouverneur n'eût à eſſuyer des objections, des reproches mêmes qui n'auroient fait que le compromettre. Les officiers publics ne crurent donc pas qu'il fut convenable qu'il ſe préſentât au milieu d'une ville aſſemblée, qui ne voyoit en lui que l'homme qui avoit juré ſa perte.

Les paroiſſes de la Baſſe-Terre étoient réunies pour entendre le rapport de leurs députés à l'aſſemblée coloniale. La municipalité qui preſſentoit toute la difficulté de l'affaire dont elle s'occupoit, qui ſavoit qu'elle même étoit d'autant plus obſervée, qu'elle avoit été établie contre le gré de tous les oppoſans, qu'elle étoit la ſeule municipalité de la colonie, & qu'on attendoit ſa moindre faute pour en conclure que ces tribunaux ſeroient inutiles, la municipalité crut devoir donner aux paroiſſes communication des lettres de meſſieurs de Damas & Duroüil, afin de connoître leur vœu.

Après qu'elles en eurent entendu lecture, les deux paroiſſes réunies, prirent la délibération ſuivante. « Que le ſort du » gouverneur ne pouvant être réglé que par la colonie, la » municipalité ſera priée de requérir du comité colonial » une convocation extraordinaire & inceſſante des paroiſſes » de la colonie, d'après les motifs déduits de l'affaire des » lettres arrivées de la Martinique; qu'à cet effet les deux » lettres en queſtion, & le rapport de toutes les circonſtances » ſeront envoyés aux paroiſſes, pour qu'elles puiſſent de » ſuite donner leur vœu ſpécial, & leur avis au comité général de la colonie ».

» Que cependant la municipalité répondant de la perſonne

» du gouverneur, en attendant cette décision [†] (15), » elle le consignera à la garde des citoyens qui s'entendront » avec la garde militaire du gouvernement, & qu'il sera » interdit au gouverneur toute communication, excepté » celle du service; mais que le service ne devant contenir » rien de suspect, cette communication se fera en présence des » citoyens préposés à la garde de la personne du gouverneur.

Cette délibération des paroisses fut rédigée d'après leur vœu, telle qu'elle est ci-dessus avec le renvoi tel qu'il est, & qu'on a cru devoir placer ici avec ses ratures. Mais quand ce vint à la lecture, l'indignation des paroisses se réveilla; elles firent rayer le renvoi en disant, que c'étoit trop faire que de laisser ce motif honorable à l'égard d'un homme qui avoit des intelligences contre la ville & peut-être contre la colonie.

La municipalité adressa la délibération au comité général, comme tribunal supérieur, & y joignit toutes les pièces.

Le comité général délibéra long-tems & murement. Mais après deux jours d'examen, il ne se détermina que par la dénonciation que vint lui faire la garde militaire du gouverneur, qu'il faisoit une quantité de dépêches, & qu'il écrivoit jour & nuit. Le peuple craignit alors quelqu'entreprise de sa part, capable de jetter le trouble dans la colonie. La rumeur se formoit. Enfin, pour prévenir sans doute tout événement ultérieur, le comité envoya deux députés à M. le gouverneur le prévenir, qu'il alloit être mis chez

---

[†] D'après les inquiétudes que M. le gouverneur a témoignées pour sa sureté à un des officiers municipaux.

(15) Le gouverneur témoigna son inquiétude, non pas à un officier municipal seul, mais à une députation du comité colonial & de la municipalité réunis. *Ainsi qu*'il est expliqué plus haut.

lui une garde citoyenne, pour faire le ſervice auprès de ſa perſonne avec les troupes de ligne.

M. de Clugny accepta par écrit la garde offerte, & ſon acceptation eſt conçue en ces termes.

« Ayant toujours deſiré de donner dans la colonie des » preuves de ce qui peut ſatisfaire le vœu des citoyens, » d'après ce que m'ont exprimé meſſieurs Pautriſel & Quin, » commiſſaires députés du comité général-colonial, que » meſſieurs les citoyens de la Baſſe-Terre deſiroient monter » la garde au gouvernement, conjointement avec les grena- » diers, j'accepte l'honneur qu'ils veulent bien me faire, & » je les verrai dans cette occaſion avec grand plaiſir le plus » près de moi qu'il ſera poſſible. A la Baſſe-Terre le 12 » ſeptembre 1790. *Signé* Clugny ».

Une députation du comité colonial vint remettre à la municipalité expédition de cette pièce, avec l'arrêté du comité. La conſigne fut donnée par la municipalité à laquelle le comité en avoit impoſé la charge; elle la lui fit remettre, & il y donna ſon approbation.

Pendant que M. de Clugny donnoit cette acceptation ſi polie, il faiſoit écrire dans les quartiers, qu'il étoit priſonnier à la Baſſe-Terre, & donna à cet événement toutes les couleurs qu'il voulut. Il paſſa encore une nuit à écrire une quantité de lettres; pluſieurs officiers furent les ſecrétaires; & par leur moyen ſans doute, il trompa toute vigilance pour les faire paſſer, malgré qu'il dût communiquer les affaires même de ſervice.

Ces lettres occaſionnèrent une grande rumeur dans la colonie contre la Baſſe-Terre; & cela devoit être, puiſqu'elles étoient de la dictée de M. de Clugny.

D'un autre côté le comité général, en informant toutes les paroiſſes de l'île, de la garde citoyenne placée près de M. le gouverneur, en leur envoyant copie de ſon acceptation & des lettres de M. Damas & Duroüil, enfin en les invitant à manifester leur vœu, commit aussi une grande faute. Il avoit arrêté de faire part aux paroisses de la colonie des faits & circonstances qui avoient déterminé sa conduite, & ne le fit point; sans doute à cause de la multitude d'événemens qui se pressoient alors, & de là quantité de pièces qu'il auroit fallu faire copier trente deux fois dans l'espace de vingt-quatre heures.

Le gouverneur eut donc l'air, pendant que les opinions circuloient, d'être emprisonné par une entreprise de la Basse-Terre, & les paroisses de n'en être averties que par le gouverneur, & par le comité général, tandis que dans le fait, il n'étoit que surveillé.

Les paroisses manquant d'instructions suffisantes, envoyèrent leurs commissaires en cette ville, & ils arrivèrent extrêmement prévenus contre elle.

Ils en donnèrent une forte preuve en se présentant au comité général, & en demandant que la garde citoyenne fût levée provisoirement; mais le comité leur observa qu'il convenoit qu'ils prissent connoissance préalablement de l'information & des pièces; & ils arrêtèrent unanimement qu'on leur en donneroit aussitôt lecture.

Ici le tableau change. Messieurs les commissaires ne parurent plus irrités, ni prévenus; mais réfléchis, étonnés. Après le plus mur examen, ils furent forcés de rendre hommage à la vérité; ils convinrent que le comité & la municipalité s'étoient conduits avec sagesse dans une circonstance aussi délicate. On mit en délibération si la garde citoyenne seroit ôtée ou conservée; il y eut partage exact des voix. La Basse-Terre n'étoit donc pas si coupable, si téméraire, puisque la moitié de la colonie a pensé comme elle! Enfin après une longue discussion, la décision ne put avoir lieu ce jour-là; & l'affaire fut ajournée au surlendemain 26 septembre 1790.

Ce jour là, les deux paroises de la Basse-Terre étoient assemblées & réunies pour des affaires de la ville, lorsque les commiſſaires des différentes paroiſſes ſe préſentèrent, & firent annoncer une députation de leur part : elle fut auſſitôt introduite. Cette politique, quelqu'en fut l'auteur, fut aſſurément très-habille. Les paroiſſes de la Baſſe-Terre ne pouvoient qu'être flatées de voir dans leur ſein les commiſſaires de toutes les autres, par leur honorable députation. Il devoit en réſulter, & il arriva en effet que celles de la ville, voyant la moitié de la colonie être d'avis de l'élargiſſement, devoient généreuſement ſacrifier leurs craintes & leurs allarmes particulières à la tranquillité générale, à la paix de tous, & revenir à l'avis de la douceur. Elles y furent d'autant plus portées, que tous les commiſſaires & les députés des paroiſſes jurèrent de voler au ſecours de la Baſſe-Terre, en cas d'attaque.

Un des députés portant la parole prononça un diſcours plein de ſentiment qui fut accueilli par les témoignages de la plus vive fraternité. Celui de la paroiſſe du petit canal, le révérend père Grégoire capucin, curé, tant pour lui, que pour M. Délizardies, ſon collègue, paroiſſe ſur laquelle ſont les biens de M. de Clugny, dit ces paroles eſſentielles à conſerver. « Que ſon collègue & lui ſenſibles à l'impreſſion fâcheuſe que quelques expreſſions conſignées dans le procès-verbal de délibération de ſa paroiſſe, leſquelles paroiſſent inculper les citoyens de la Baſſe-Terre, & par conſéquent offenſantes, ils affirment que l'intention de leurs commettans n'avoit jamais été d'inculper ni d'offenſer perſonne, & que ce qu'on pouvoit trouver de trop fortement exprimé dans cette délibération, ne devoit être attribué qu'au plus louable excès de zèle pour le bien public, la paix & la concorde, & ſur-tout *à une erreur bien pardonnable, à l'ignorance profonde & abſolue des faits relatifs à l'affaire qui nous a tous raſſemblés, après avoir paru nous déſunir; & qu'ils s'empreſſoient de rendre la juſtice la plus étendue au patriotiſme de la municipalité & des citoyens de la Baſſe-Terre* ».

Un citoyen de la ville répondit convenablement à cette réparation authentique, & annonça les ſentimens d'union & de concorde des deux paroiſſes, avec les autres paroiſſes de la colonie

L'aſſemblée des deux paroiſſes prit donc, en concours avec la députation & à l'unanimité, l'arrêté que voici.

« Que la municipalité de la Baſſe-Terre & le comité gé- » néral colonial feroient priés & requis de faire retirer la » garde citoyenne de chez M. le gouverneur, & d'inviter » toutes les paroiſſes de la colonie, & tous les corps civils » & militaires à une fédération générale qui auroit lieu en » cette ville, au jour qui feroit indiqué par le comité géné- » ral-colonial, dans le plus court délai poſſible, afin de » cimenter plus promptement les ſentimens d'union & de » concorde qui animent toute la colonie ».

Toutes les preuves de cette affaire, & de la moindre aſſertion ſont conſignées dans les archives du comité général & de la municipalité.

Cette délibération importante eſt du 26 ſeptembre 1790: elle fut ſignée par tous les commiſſaires & députés des paroiſſes de la colonie, & par les citoyens de la ville : elle fut enſuite préſentée à la municipalité & au comité général qui arrêta que la garde feroit levée, & adreſſa ſon arrêté à la municipalité, pour qu'elle eût à s'y conformer, & qui l'exécuta ſur le champ.

Telle eſt cette affaire de laquelle on parle encore comme d'une horreur. Telle eſt cette ville qu'on a chargée du crime de rébellion contre le repréſentant du roi. Comment ſe peut-il que la même colonie qui, ſéante à la Pointe-à-Pitre en très-grande compétence, a confirmé toute la conduite de ſon comité & de la Baſſe-Terre, qui a contribué par tous ſes commiſſaires à l'arrêté qu'on vient de lire, qui a approuvé la conduite, la ſageſſe même des citoyens de la Baſſe-Terre, affecte de redouter cette ville comme un repaire de brigands?

Comment a-t-on prodigué contre ses plus honnêtes citoyens les épithètes les plus indécentes, les apostrophes les plus outrageantes? C'est la même raison qui fait que plusieurs factieux ont osé blâmer l'assemblée nationale & lui prodiguer les plus violentes injures.

Ceux qui avoient intérêt à faire valoir leurs possessions voisines de la Pointe-à-Pitre, trouvoient trop d'avantages dans les torts qu'on prêtoit à la Basse-Terre, pour ne pas exciter cette ville à fomenter les bruits désavantageux qu'on semoit entre elle & la nôtre; ils désunissoient ainsi deux grandes masses de citoyens, & propageoient un désordre qui leur étoit profitable. Ils ont bien réussi dans leurs projets; car, la Basse-Terre a toujours vu depuis un an, les députés de la Pointe s'élever parmi ses ennemis. Mais éloignons des idées trop affligeantes; & pour n'en pas rendre les traces trop profondes, nous ne lui rappellerons pas les soins qu'elle a pris de convoquer la colonie entière pour une fête fédérative qu'elle vouloit donner, afin de nous arracher le bonheur de voir nos frères de toutes les parties de l'île se réunir à nous. D'ailleurs il est à la Pointe-à-Pitre des hommes qui ne partagent pas les projets de destruction formés contre nous. Amis de la révolution, les bayonnettes, les cachots ont comprimé les élans de leur patriotisme : maltraités, méprisés, avilis, chassés honteusement des assemblées de paroisses, par centaine, malgré leurs titres de citoyens actifs; ce n'est point d'eux que la Basse-Terre se plaint.

A peine le gouverneur vit-il sa garde levée, que malgré sa promesse de ne pas quitter la Basse-Terre, il prit ses mesures avec une méthode faite pour attirer sur cette ville tous les regards de la colonie, pour rendre nuls les effets de la délibération unanime de tous les commissaires. Il monta à cheval furtivement par les derrières de sont hôtel, à l'heure qu'on y pensoit le moins; il monta au parc, d'où le lendemain il prit la route de la Pointe-à-Pitre, où ses amis lui préparoient une entrée triomphante. On comptoit environ cent hommes à cheval & le sabre à la main, qui allèrent au devant de M. de Clugny jusqu'aux Abîmes, le placèrent au milieu d'eux & le conduisirent en ville, en criant vive Clugny! Ce n'est point ici, crioit-on, qu'on le fera prisonnier. M. de Clugny pouvoit-il se prêter à une pareille scène, lui qui mieux que personne savoit qu'elle étoit une suite de la rivalité des deux villes, & de la haine qu'on vouloit entretenir entre elles? mais quoiqu'il en soit, le gouverneur se trouva rapproché de ses habitations, avec la plus heureuse perspective d'en augmenter prodigieusement le produit, en nous dépouillant chaque jour davantage. Reprenons la chaîne des événemens.

Tandis qu'on agitoit au comité colonial & à la municipalité, si l'on donneroit une garde citoyenne au gouverneur; de nouveaux malheurs se succédoient à la Martinique. Le directoire & le général Damas s'étoient refugiés au Gros-Morne. Les gens de couleur & déjà un grand nombre d'esclaves y étoient sous les armes : ils étoient débandés, comme on devoit l'attendre d'une pareille milice. Déjà ils ravageoient le pays jusques aux portes de Saint-Pierre. Cette malheureuse ville s'attendoit à tout moment à voir tourner contre elle toute la rage de ses ennemis : elle devoit succomber sous les efforts d'une attaque trop nombreuse, ouverte & dominée comme elle l'est de toutes parts : elle se décida à réclamer une troisième fois des secours de la Guadeloupe.

Le comité général-colonial, où la Basse-Terre n'avoit que deux voix sur onze, après de longs débats & de mures réflexions, pensa qu'il pouvoit modéler sa marche sur celle que l'assemblée coloniale avoit suivie dans la même affaire. Il décida qu'il falloit envoyer à la Martinique une députation, laquelle seroit suivie d'une force suffisante pour la faire respecter, & garantir la ville de Saint-Pierre des dangers dont elle étoit menacée. Le comité se fit présenter en même-tems l'état numératif du régiment de la Guadeloupe, afin qu'on pût déterminer proportionnellement le détachement qu'on pourroit envoyer à nos voisins, sans préjudice pour la colonie. Le président fut chargé d'aller porter son arrêté à la sanction du gouverneur qui la refusa. Il étoit alors neuf heures du soir. Le comité renvoya un autre de ses membres. Celui-ci, sans doute plus persuasif, obtint le départ des secours avec les armes & les munitions nécessaires.

M. de Clugny a dit qu'il n'étoit pas libre lorsqu'il donna cette sanction, & M. de Clugny dirigeoit tous les mouvemens militaires de la colonie; M. Clugny donnoit par-tout des ordres, recevoit des lettres; on ne l'empêchoit de rien faire; on ne le forçoit à rien; & il n'étoit pas libre! .... Que les ennemis de la Basse-Terre soient de bonne foi, & ils diront que lorsqu'on a toute la terre pour témoin de ses actions, il n'est que les mauvaises qui rencontrent des obstacles. D'ailleurs, peu de jours après M. de Clugny sanctionna un second envoi de troupes. Les volontaires de la Basse-Terre demandèrent, comme les deux premières fois, à suivre leur zèle patriotique, toujours sous le commandement de M. Coquille Dugommier.

La veille du jour que l'on traitoit de l'affaire de M. le général, arrivèrent deux autres députés de Saint-Pierre qui annonçoient de nouveaux dangers, & demandoient d'autres secours. Le soir tous les commissaires de paroisses présens, le comité composé des représentans de 24 à 25, avoit d'une voix unanime paru donner son assentiment. Le reste du régiment fermenta toute la nuit; & le lendemain il vint en entier, les officiers exceptés, demander à voler au secours de Saint-Pierre si on l'attaquoit. Il faut l'avouer : ils étoient excités parce qu'ils entendirent raconter le massacre fait par les gens de couleur aux environs du fort-royal.

Le lendemain le comité se trouva divisé. On disoit qu'on en avoit travaillé quelques membres pendant la nuit. Il fut donc décidé qu'il ne partiroit pas de nouveaux secours. La galerie témoigna hautement toute la peine qu'elle en ressentoit. Le président pensa qu'il étoit prudent de lever la séance, à onze heures environ.

A midi, quatre soldats qui se trouvèrent dans la rue l'assurèrent que M. le général les avoit chargés de lui dire qu'il l'invitoit à r'assembler le comité, afin d'en obtenir l'ordre du départ, qu'il sanctionneroit. Le président n'y voyant, disoit-il, aucune vraisemblance, & craignant que ces hommes eussent mal saisi l'idée de M. de Clugny, il les fit entrer à la municipalité qui tenoit séance, y entra avec eux, & ils répétèrent les mêmes choses. Deux officiers municipaux se rendirent auprès du général, qui confirma le dire des soldats; & le rapport des officiers municipaux fût inséré dans le procès-verbal du jour; le comité se rassembla sur le champ d'après le même dire, que le président répéta devant le général comme étant le sien, & qui fit encore inscrire sur le registre. Le lendemain on mit en exécution un plan de députation présenté depuis long-tems par M. de Barail. En conséquence il fût arrêté qu'une députation formée de tous les corps civils & militaires de la colonie partiroient avec les troupes dont elle disposeroit à son gré. Il partit alors des volontaires de la Pointe-à-Pitre, de Sainte-Anne, de Marie-Galante, de Tabago, de Sainte-Lucie, enfin, de toutes les parties de l'archipel. Ce fut donc un mouvement général ordonné par la colonie entière, sanctionné par le gouverneur.

Il est essentiel d'observer que toujours au moment du départ, la municipalité eut la sage précaution de faire prêter serment aux uns & aux autres.

Celui des troupes de ligne étoit en ces termes : *Nous jurons d'être fidèles à la nation, à la colonie, à la loi & au roi, de maintenir la constitution de toutes nos forces, de respecter & rendre respectable notre caractère de conciliateurs & d'auxiliaires en cas de besoin, de ne jamais abandonner nos drapeaux, & d'être fidèles à la discipline militaire. Officiers,*

bas-officiers,

bas-officiers, ſoldats, tous prêterent ce ſerment au moment que la municipalité attacha au drapeau blanc du regiment, une cravate enrichie aux trois couleurs de la nation.

Il eſt eſſentiel de remarquer que l'obſervance de la diſcipline militaire eſt recommandée par la municipalité de la Baſſe-Terre; qu'elle l'avoit déjà fait lors de la viſite qu'elle fit au régiment après qu'il étoit venu à la maiſon commune, le 1er. ſeptembre; que ſon arrêté qui fut alors approuvé de toute la ville & même du régiment, exiſte ſur ſon regiſtre, en date du même jour 1er. ſeptembre 1790; que le comité général ſe tranſporta en corps près le régiment, & que lecture de cet arrêté fut faite à chaque compagnie en préſence de tous les officiers; enfin, qu'un officier municipal y ajouta au nom du conſeil, une exhortation courte & énergique pour leur perſuader la néceſſité d'une juſte ſubordination.

Le ſerment des volontaires citoyens étoit conçu en ces termes :

Nous jurons d'être fidèles à la nation, à la colonie (16), *à la loi & au roi, de reſpecter & rendre reſpectable notre caractère de conciliateurs & d'auxiliaires en cas de beſoin, de ſoigner & rapporter nos armes.*

Remarquons encore que ces ſecours étoient ſous le titre ſpécial de conciliateur & d'auxiliaire en cas de beſoin.

L'embarquement eut lieu dans le plus grand ordre. Ils partirent avec la députation conciliatrice, ils ſe rendirent à St.-Pierre.

On fut obligé de frêter un navire américain, dont un ſoldat coupa le cable par l'empreſſement de mettre à la voile. Le fret & le prix du cable furent réclamés près de la municipalité, chargée par le comité général de procéder à l'embarquement. Celle-ci réclama long-tems de l'aſſemblée les ordres de

---

(16) Formule de ſerment adoptée par l'aſſemblée coloniale, dans ſa ſeſſion du mois de janvier 1790.

paiement qui n'étoit qu'une avance pour compte de Saint-Pierre, sur la caisse coloniale. La municipalité s'est soutenue jusqu'à présent avec de très-minces facultés, qui ne lui permettoient pas de débourser en cette occasion. L'assemblée coloniale a enfin répondu qu'on pouvoit s'adresser à M. Petit de Viévigne, ordonnateur; mais il a refusé en cette occasion, ou toute son obéissance, ou toute son autorité. Et lui aussi s'est déclaré l'ennemi de la Basse-Terre par le fait; & ce fait nous allons bientôt l'établir.

Il est bien prouvé que rien, dans cette troisième expédition pour Saint-Pierre, n'est à la charge de la Basse-Terre, C'est pourtant elle qu'on offense & que l'on calomnie.

Voici le moment où les preuves deviennent pressantes, où les bruits publics & les faits vont acquérir le développement nécessaire. Il a fallu les rappeler un peu après leur date, pour que les faits en se croisant, ne fatiguent pas l'attention.

Le 23 septembre 1790, pendant que les deux paroisses réunies étoient assemblées, un caporal de grenadiers, nommé Raimond, s'y présenta, & après avoir témoigné combien avoient été fondés les soupçons & les craintes des citoyens, de quelque entreprise contre eux, il déposa un écrit anonyme qui étoit un plan d'invasion contre la Basse-Terre, projetté pour le 25 août précédent. M. de Damas devoit envoyer un *aviso* à midi, entrer la nuit par la petite porte du fort qui donne sur la rivière de sens, où il auroit débarqué; les soldats devoient être laissés à eux-mêmes; on présumoit qu'ils auroient bu toute la nuit; M. de Clugny devoit occuper chez lui, le même jour, les patriotes, en leur donnant à dîner. Enfin, le même écrit portoit les noms de quarante-six citoyens qui devoient être arrêtés & conduits dans les prisons au Fort Royal. Tout cela fut confirmé par le dire de M. Bony, présent à l'assemblée, & ci-devant adjudant dudit régiment.

Les paroisses réunies jugèrent qu'une pièce anonyme ne devoit pas faire l'objet de leur délibération. Néanmoins parce que la lettre de M. de Damas à M. de Clugny avoit déjà excité les sollicitudes du comité général & de la moitié des commissaires de la colonie ; parce que cette pièce câdroit parfaitement avec les bruits qui avoient couru, avec le propos d'arrestation de citoyens qui avoit été tenus en plein comité général, avec les mêmes opérations exécutées à la Martinique ; parce que le salut du peuple est la loi suprême ; enfin, parce que négliger toute recherche sur de pareils avis, peut enhardir pour d'autres essais les ennemis du repos public, les paroisses arrêtèrent d'engager la municipalité à redoubler de surveillance, & à prendre toutes les mesures qui pourroient conduire à la vérification des faits.

Dès le lendemain, 24 septembre 1790, à neuf heures & demie du matin, le caporal Raimond se présenta pour faire sa déposition. Les officiers & sous-officiers du régiment de la Guadeloupe furent aussi-tôt informés de l'action du caporal Raimond & de l'arrêté des paroisses ; ils le furent aussi de la démarque de Raimond dont la déposition commença, comme il vient d'être dit, à neuf heures & demie du matin. Ils firent promptement chacun une adresse à la municipalité tendante *à ce que cette affaire fût suivie avec rigueur*, & ils y joignirent les déclarations de huit compagnies du régiment ; mais ils se pressèrent trop.

Le conseil arrêta que lesdites lettres & adresses seroient jointes à l'instruction commencée à la réquisition des citoyens actifs des deux paroisses ; que l'information porteroit tant sur les faits énoncés dans la délibération des paroisses, que sur ce qui étoit inséré dans lesdites lettres & adresses ; que toute personne du régiment de la Guadeloupe qui seroit indiquée pour avoir connoissance desdits faits, seroit oui dans ladite information, de même que tous les autres citoyens. Qu'à cet effet le colonel dudit régiment seroit prié de donner toutes permissions nécessaires en la forme qu'il jugeroit la plus propre à accélérer ladite information, & que copies collationnées de l'arrêté seroient envoyées par députation à M. le colonel, pour l'état-major & officiers, & à MM. les sous-officiers du régiment.

Cette expression d'instruction commencée, est utille à saisir, parce que tout fut du même jour.

La déposition du caporal Raimond, très-circonstanciée, est du 24 au matin, il dit que : « cinquante pièces pareilles à » celle qu'il a déposées aux paroisses, & qu'il dépose de nou- » veau à la municipalité, circulent dans le régiment; que la » nuit de la St. Louis les soldats avoient permission de sor- » tir du fort & d'aller boire; que pendant plusieurs jours en- » suite les portes ne fermèrent qu'à onze heures de la nuit; » que depuis le premier septembre, que les soldats se réuni- » rent aux citoyens, les officiers abandonnèrent la police du » fort, ne firent plus l'appel; que sur l'apparition de quelques » vaisseaux, les grenadiers engagèrent les chasseurs & les com- » pagnies ordinaires à resserrer eux-mêmes la police, & qu'elle » se fit sans le concours des officiers ».

Cette déposition & partie de la pièce anonyme que Raimond avoit déposé, & des faits dont il se disoit témoin, ne pouvoient conduire à rien; mais le corps d'officiers la rendit utile lui-même par les pièces jointes à leurs adresses. C'étoit des déclarations de huit compagnies ordinaires, qui disoient que les portes du fort avoient été fermées le 25 août à l'heure ordinaire; que les bas-officiers n'avoient pas sollicité les soldats à sortir de la ville & à s'énivrer. On ne peut se défendre d'une remarque. C'est que ces huit pièces sont toutes d'une écriture différente; mais toutes, mot pour mot, du même style, excepté une. Or, les sept qui sont absolument semblables, furent dictées par la même personne. Celle qui est différente est de la compagnie de Retz. Cette compagnie paroît avoir refusé de certifier comme les autres, que les portes du fort fussent fermées : elle est la seule qui garde le silence à cet égard.

Il eſt bien viſible que la dépoſition du caporal Raimond, faite le matin, avoit donné de l'inquiétude, & fait prendre la précaution d'obtenir promptement des compagnies, une dépoſition contraire, autant pour anéantir la première, que pour empêcher ceux qui pourroient en avoir l'idé, de ſe préſenter pour en faire d'autres; c'étoit preſqu'au même inſtant demander & arrêter la rigueur des pourſuites, réclamée par les deux adreſſes. Le ſuccès auroit ſuivi cette précau ion, ſi elle n'eût pas été déjouée par l'événement que voici.

On préſenta aux grenadiers une dépoſition toute faite, en même ſtyle que les ſept qui ſe reſſemblent, pour être lue à l'appel d'*onze* heures du matin. Il n'y avoit alors que trois grenadiers à la compagnie, qui répondirent, qu'ils ne pouvoient ſigner ſans le concours de leur camarades. Il fallut attendre; mais pour accélérer d'autant, on alla en préſenter une autre à la compagnie des chaſſeurs, auxquels on dit, pour les y engager, que les grenadiers qui donnoient l'exemple avoient ſigné.

Juſques-là ce n'eſt qu'une ſurpriſe; mais ici l'on va plus loin. Voyant que les chaſſeurs en doutoient, on leur préſenta en effet une pièce en apparence, ſignée par les grenadiers. Par malheur un grenadier ſe trouvant par hazard avec les chaſſeurs, jetta un coup-d'œil ſur les ſignatures, & voyant qu'il n'y en avoit aucune de ſes camarades, il en avertit les chaſſeurs, qui alors refuſèrent ce qu'on leur demandoit.

Cet hiſtorique eſt appuyé d'une preuve irrécuſable, de l'écrit même préſenté aux grenadiers, qu'ils ont refuſé de ſigner, & qu'ils ont dépoſé à la municipalité, où elle exiſte paraphée par les ſieurs Prevot, Andrieu & Rouvelin, grenadiers, & par MM. le Maire & le ſecrétaire-greffier; qu'ils ont appuyée d'une dépoſition circonſtanciée, telle qu'elle eſt dans le paragraphe précédent; en ajoutant que pareille manœuvre avoit été eſſayée dans toutes les compagnies, mais qu'ils ignorent ſi on a uſé à leur égard de pareille ſurpriſe; qu'il eſt vrai qu'on ne les a pas engagés à s'énivrer & ſortir en ville; mais que perſonnne ne s'eſt oppoſé à ce qu'ils y allaſſent boire; qu'au ſurplus, depuis le départ des ſecours pour la Martinique, les portes fermoient à huit heures du ſoir (17). Il eſt curieux de lire en original, & toutes ces pièces & les dépoſitions des ſieurs Raimond, Bonny, Prevot, Andrieu & Rouvelin, grenadiers, & du ſieur Etienne Béliard, appointé de la compagnie de Rouqués.

L'imagination n'a pas beſoin de ſe repoſer long-tems ſur cette affaire pour juger que le fait des portes du fort ouvertes la nuit du 25 août, ce qu'il faut entendre néanmoins du premier ſeptembre, jour que les ſoldats fêtèrent la Saint-Louis, ainſi que l'a exprimé le ſieur Bonny, en rectifiant ſa première dépoſition, l'abandon entier de la police du régiment depuis le premier ſeptembre, ſi poſitivement exprimé par les grenadiers & chaſſeurs, enfin que la ſurpriſe qui eſt tentée chez les uns & les autres, fait tomber les huit autres dépoſitions des compagnies ordinaires, ou ſéduites, ou intimidées, ou careſſées; leſquelles dépoſitions ſont auſſi dépoſées au greffe municipal. Le projet d'invaſion du fort St. Charles & de la Baſſe-Terre, la même nuit du 25 aout (18), acquert une bien grande vraiſemblance; vraiſemblance qui fut bien plus forte lorſqu'on remarqua l'abſence de toutes les femmes d'officiers, qui s'étoient éloignées de la ville avec leurs enfans, leurs parentes, leurs amies. Pourquoi laiſſer les portes ouvertes & tout un régiment vaguer où il veut? Ne ſavoit-on pas que les ſoldats vont toujours au cabaret quand ils peuvent? Le projet d'enlévement depuis long-tems annoncé par un mem-

(17) Remarquez bien que depuis le départ des troupes, les portes ſe fermoient à huit heures.

(18) Les auteurs du projet ne pouvoient prévoir que la fête de St. Louis ſeroit remiſe au premier ſeptembre.

bre du comité général à titre de menace & de jactance, en acquert aussi une présomption de la plus grande force. L'abandon de la police du corps, quand toutes les manœuvres sont déjouées, le premier septembre ne prouve-t-il pas aussi le dépit que l'on conçut du peu de fruit de tant de soins? Cet abandon n'est-il pas un autre projet qu'on devoit encore rejetter sur la Basse-Terre s'il eut réussi ? Ne vouloit t'on pas attribuer aux menées de ses citoyens l'état d'indiscipline absolue de ce corps ?

Il est donc prouvé qu'on a jetté entre les soldats & les citoyens des semences de haine. Il est prouvé encore que si on n'a pas excité le régiment à boire, comme l'ont dit deux sous-officiers; au moins ne s'est t'on pas opposé à ce que les soldats se débandassent, & qu'on en a absolument abandonné toute discipline; il est certain que si les soldats avoient été tels que les officiers nous les faisoient craindre, ils se feroient abandonnés à la débauche, ils auroient laissé les forts & se feroient répandus chez les citoyens, la nuit comme le jour, qu'ils y auroient insulté les femmes, sabré les hommes, & que le désordre enfin parvenu à son comble, ils auroient été de crimes en crimes jusqu'à la destruction de la ville, peut-être de la colonie entière. Mais eux-mêmes ils ont vu les maux qu'on leur préparoit; ils ont connu le danger; ils se sont prescrit une discipline plus exacte, plus rigoureuse. Dès-lors ils sont devenus aux yeux du corps d'officiers des scélérats qu'il a fallu détruire dans l'opinion publique, par d'atroces calomnies répandues avec profusion dans la colonie, en France même; des voleurs, des assassins qu'il a fallu faire partir couverts d'infamie, chargés de fers. Et ces assassins, ces scélérats à Saint-Pierre, au milieu des horreurs de la guerre civile, sans un seul officier, ont su garder une discipline & respecter les citoyens.

Ce fut le 26 septembre que les paroisses assemblés avec les commissaires de la colonie, pour l'affaire de M. de Clugny, aſſiſtèrent aux noms de leurs paroiſſes à la fédération générale, qui ſur-tout portoit ſur l'ancien oubli du paſſé, oubli que M. de Clugny avoit toujours demandé. Or les dépoſitions ci-deſſus étoient du 24 ſeptembre; elles entroient dans l'oubli auquel les paroiſſes s'obligeoient. Mais il n'y a que les gens ſincères & les vrais patriotes qui pardonnent : nous en avons fait une cruelle épreuve. Quoiqu'il en ſoit, le congé du caporal Raimond, dont il n'avoit été queſtion nulle part avant, fut préſenté à ſigner au préſident du comité, & M. de Clugny le ſigna ſur le champ.

Ce congé donné par l'état-major de ſon propre mouvement avoit pour condition tacite que cet homme partiroit ſur le champ; & il partit réellement pour la Martinique; mais ſans que le comité ni la municipalité le lui aient preſcrit.

Ce fut donc après ceci que le gouverneur partit vers le 27 ſeptembre, pour ne plus revenir à la Baſſe-Terre & la priver d'être le ſiège du gouvernement & de l'adminiſtration.

Le 15 octobre, l'aſſemblée coloniale s'étant réunie à la Pointe-à-Pitre, la Baſſe-Terre y envoya ſa députation complette. Mais ſes députés ne tardèrent pas à s'appercevoir que l'oubli du paſſé n'avoit été que dans le cœur de leurs concitoyens, & que les ennemis de la ville avoient des griefs qu'ils ne pouvoient pardonner. Ces griefs ſont tous les motifs que la concordance des intéreſſés s'efforce de faire valoir en faveur de la Pointe-à-Pitre, & au préjudice de la Baſſe-Terre. C'eſt un plan dont on ne s'écarte jamais. Dans les premiers jours on ne ceſſoit de lui ſuppoſer des torts; mais ſans inculpation directe. On rappeloit l'événement du gouverneur; & chacun ſembloit s'être accordé pour lui donner la ſignification la plus odieuſe. Jamais un ſeul mot qui pût donner priſe à la députation, pour entrer en matière. Parloit-t-on des citoyens de la Baſſe Terre, leur conduite, leurs actions, rien n'étoit jamais pris en bonne part. Les expreſſions étoient louches, les phraſes amphibologiques, le ton annonçoit l'humeur & la haine.

Enfin

Enfin les accusations sourdes, les menées de tout genre furent si souvent répétées, que la députation de la Basse-Terre demanda authentiquement que l'assemblée fixât une ou deux séances, pour s'occuper des inculpations que ses différens membres pourroient avoir à faire aux citoyens de la Basse-Terre, s'engageant à donner pleine satisfaction; mais la députation demandoit des inculpations claires & directes. Qui n'est pas de bonne foi, fuit la lumière. Les plus acharnés contre cette ville se gardèrent bien de souffrir qu'on entrât en discussion sur cette matière. Cette proposition seule arrêta du moins toute espèce de sarcasme, & les citoyens honnêtes furent dès-lors convaincus qu'on cherchoit à charger la Basse-Terre de torts qu'elle n'avoit pas.

Ses ennemis néanmoins n'en furent pas désarmés. Depuis long-tems ils étoient aguerris contre cette sorte de pudeur qui du moins est arrêtée par l'invraisemblance. Irrités de ne pouvoir trouver en faute une ville qu'ils vouloient perdre, ils ne furent plus en peine de forger contre elle des apparences, avant de lancer leurs traits calomnieux; ils ne craignirent plus la honte d'être démentis par la vérification, pourvu qu'ils pussent seulement donner cours à leur impudente calomnie. *Crescit eundo;* telle est leur horrible devise; ils en ont indignement pratiqué le sens.

La Basse-Terre étoit en paix; elle a toujours vécu en paix, bien plus encore depuis qu'elle est livrée à elle-même. Et c'est dans le sein de cette assemblée à la Pointe-à-Pitre, que le moindre mal-entendu étoit une émeute, que le moindre bruit accidentel étoit une insurrection. Tel factieux venoit en cette ville pour ses affaires, qui étoit sûr d'être fêté, approuvé, répété par mille échos aussi méchans que lui; s'il disoit de retour à la Pointe-à-Pitre qu'on ne pouvoit venir à la Basse-Terre, sans courir risque d'être pendu par le peuple.

Tel étoit l'état des choses, pendant qu'on accabloit les citoyens de la Basse-Terre de tant d'injustices, injustices que l'assemblée générale-coloniale composée pour le plus souvent des neufs députés de la Pointe-à-Pitre, & de sept à huit barons, marquis, ou vicomtes, n'a malheureusement que trop favorisées; mais le tems de la justice est venu, & la révolution est désormais trop bien affermie pour ne pas espérer que ces hommes qui ne peuvent renoncer à leur autorité, à leurs prérogatives, à leurs titres, se reveilleront bientôt pénétrés des sentimens que pour le repos de la colonie nous devons tous leur desirer.

La députation de la Basse-Terre s'étoit constamment renfermée dans les principes de la constitution, & elle avoit avoit assez victorieusement repoussé toutes les atteintes qu'on lui portoit, lorsqu'on essaya de mettre en faute la ville qu'elle représentoit d'une manière assez grave.

L'assemblée coloniale, jusqu'au retour d'une partie de la députation qui avoit été envoyée à la Martinique, avoit conservé une telle neutralité dans l'affaire de la Martinique, qu'elle n'avoit pas voulu correspondre avec son directoire qu'elle ne reconnoissoit pas, ni même recevoir de lui l'argent du roi dont il s'étoit nanti, & qu'il offroit de faire passer au trésor royal de la Guadeloupe. Eh bien! sur le rapport d'une moitié de ses députés, elle se déclare par le fait l'ennemie de Saint-Pierre, & fait jetter son député dans les cachots. Dans le même-tems on répand le bruit d'un envoi d'armes & de munition de guerre au Gros-Morne, par la frégate l'Embuscade, & d'une attaque contre la Basse-Terre; qu'à l'exemple de la Martinique, les planteurs devoient armer les gens de couleur & faire cause commune avec eux.

Soit que ce projet ait existé ou non, après qu'il eut été répandu, au point qu'on s'attendoit à la Basse-Terre à le voir exécuter, il arriva un ordre de M. de Clugny, daté de la Grande-Terre, par lequel il demandoit quantité de fusils & de munitions de guerre. Si l'on résistoit à cet ordre, c'étoit une rébellion, si on l'exécutoit, c'étoit livrer armes & munitions pour les gens de couleur, & servir la prétendue cause commune contre la Basse-Terre. Il est donc des cas où la malveillance expose la bonne foi à choisir nécessairement entre le crime ou la mort. Si ce projet n'existoit pas, le répandre d'avance étoit un appât de la plus affreuse méchanceté; les fusils & les munitions, demandés aussitôt après, étoient le complement de la finesse criminelle des ennemis de la Basse-Terre.

La ville ne fit point de résistance; mais les soldats voyant ces armes & munitions sortir du fort, en prirent de l'ombrage, & les retinrent. Ils envoyèrent une députation à la municipalité, qui sans retenir la connoissance d'une affaire si délicate, en instruisit officiellement l'assemblée coloniale. Les soldats avoient leurs motifs à part. Rien ne put les dissuader que ces munitions de guerre ne fussent destinées pour le Gros-Morne, & contre leurs camarades qui défendoient Saint-Pierre.

La même députation militaire demanda que la municipalité fît rentrer dans le fort Saint-Charles les poudres qui étoient au Val-Kanard, & à la batterie du Morne-Rouge, deux postes placés à certaine distance de la ville, & dont ils prétendoient qu'on pouvoit enlever les munitions la nuit. La municipalité évita encore de décider sur cette demande, & la déféra au commandant du fort qu'elle avoit appelé dans son sein, & auquel on remit copie officielle de la délibération. Le tribunal avoit obtenu des soldats un délai pour recevoir les intentions de l'assemblée, & le commandant pour recevoir les ordres du gouverneur. Ils tardèrent un peu, & les soldats manifestèrent si vivement leurs inquiétudes, ils parurent si décidés à transporter eux-mêmes les munitions de guerre, que le commandant lui-même demanda la convocation d'un conseil municipal, auquel il exposa le danger de laisser transporter ces poudres sans les précautions d'usage, & pria le conseil de le requérir officiellement, de faire faire ce transport avec les suretés ordinaires, ce qui fut exécuté. Quelques particuliers de la ville se joignirent aux soldats pour les aider dans ce transſport; & quoique ce ne fût que par l'effet des vives impreſſions dont ils étoient pénétrés, par les propos & projets qu'on avoit répandus, les ennemis de la Baſſe-Terre en profitèrent pour mettre l'affaire des poudres ſur la ville, pour l'accuſer d'avoir ameuté les ſoldats dans cette occaſion. Mais il faut remonter aux délibérations du conſeil municipal des 11 & 12 novembre 1790, dans leſquelles, ainſi que dans la déclaration même de M. Bonnier, commandant du fort, on voit quelques citoyens mêlés avec les ſoldats. On le demande; eſt-ce là toute une ville? Quand les ſoldats vinrent en députation ils étoient ſeuls : aucun citoyen ne les accompagna.

L'aſſemblée coloniale continuoit ſes ſéances. On vit bientôt que ſon opinion prépondérante étoit celle du Gros-Morne de la Martinique. Qu'elle étoit cette opinion ?

Celle de la Guadeloupe affecta dès-lors le plus grand mépris pour la ville de Saint-Pierre & pour ſes adhérans. Bien entendu que la Baſſe-Terre étoit compriſe ſous cette expreſſion collective. Les impreſſions les plus défavorables étoient données contre elle en raiſon des ſecours qu'elle avoit fournis, & on affectoit de la ſéparer à cet égard de l'aſſemblée coloniale, & de preſque toutes les paroiſſes de la colonie.

La Baſſe-Terre répondit aux inculpations au ſujet de l'amitié, de la fraternité qu'on lui reprochoit à l'égard de Saint-Pierre. « Que tous les autres quartiers de la colonie ont envoyé à » l'envi des ſecours à cette ville, que le vrai motif étoit de » la garantir de l'inſurrection des gens libres & des eſclaves » dont elle étoit menacée; qu'à l'égard des deux partis oppo- » ſés de la Martinique & de leurs prétentions reſpectives, la » Guadeloupe avoit envoyé une députation conciliatrice, » ſeul titre que l'aſſemblée coloniale pouvoit lui donner, le » ſeul que l'aſſemblée pût prendre elle-même, puiſqu'elle » devoit embraſſer une neutralité abſolue dans cette affaire, » & ſe garantir de laiſſer preſſentir ſon opinion dans une » circonſtance où elle ſe montroit médiatrice. La députation

» de la Basse-Terre finit, en disant qu'elle voyoit avec douleur qu'en prenant tout autre parti, celui de l'assemblée détermineroit peut-être sérieusement la colonie, & l'entraîneroit infailliblement dans les divisions malheureuses qui conduisent à sa perte l'île de la Martinique ».

Ces principes si sages, ces vues pour le bonheur de tous si faciles à appercevoir, ne firent pas la moindre impression sur l'assemblée. La coalition avec le Gros-Morne se forma ouvertement. La députation du directoire, étoit déjà bien sure du succès, puisqu'elle osa annoncer en pleine assemblée à la Pointe-à-Pitre, que sa mission étoit moins de solliciter la médiation de l'assemblée, que de proposer une fédération avec les planteurs. Dès ce moment, le mot de planteur fut celui de convention, pour ce nouvel ordre de citoyens dans les îles du vent; & leurs projets comme leur plan devinrent un mystère dont il n'a percé que le desir d'écraser Saint-Pierre, & de dépouiller la Basse-Terre.

L'assemblée coloniale de la Guadeloupe se décida absolument pour le Gros-Morne, tandis qu'elle auroit dû s'intéresser aux deux partis, & ne faire que détourner les entreprises des agresseurs; mais elle en jugea tellement d'une autre manière, qu'une députation de Saint-Pierre fut maltraitée dans son sein, comme on vient de le dire, & l'un des députés traîné dans les prisons. On lui supposa des intelligences avec les auteurs d'un événement que l'assemblée elle-même avoit causé.

Le Gros-Morne demandoit des vivres, & il étoit juste de lui en donner; mais les armes & les munitions qu'on demandoit à la Basse-Terre dans le même tems, rendirent le peuple défiant. Le commerce de France traité en ennemi par le Gros-Morne, vit de mauvais œil cet envoi, que l'on pensoit cacher des munitions de guerre. Les matelots coururent à un petit fort qui est à l'entrée du port & s'en emparèrent. Cette plaisante conquête fut faite avec des bâtons. On ne pouvoit s'en prendre à la Basse-Terre; on s'en prit à M. Baudin, l'un des députés de Saint-Pierre. On ne chercha aucune preuve de l'accusation qui portoit qu'il avoit été au fort la nuit, déguisé en matelot : il fut traîné réellement, traîné dans un cachot, traité indignement & couvert d'infamie.

Cette expédition fit grand bruit. Environ quatre cents planteurs, armés de toutes pièces, descendirent à la Pointe-à-Pitre. On vouloit marcher au fort. M. de Clugny qui craignit avec raison de voir tirer le premier coup de canon à la Guadeloupe, s'y opposa de toutes ses forces ; & ce fut la députation de la Basse-Terre qui seule le seconda, & se rengea de son avis, dans un moment où on l'accabloit de propos les moins menagés, des défis les plus indécens ; & c'est cette même députation qui dans l'assemblée, avoit soutenu ses prérogatives attaquées ; mais il fut enfin convenu que les bateaux destinés pour le Gros-Morne seroient déchargés & le fort évacué. Les matelots tinrent parole ; mais les bateaux furent rechargés ensuite & envoyés à leur destination.

L'assemblée coloniale décréta ensuite le rappel des troupes qui étoient à Saint-Pierre. M. de Barail manquant à son caractère de député à la Martinique, avoit tenté précédemment de les faire revenir en leur écrivant du Gros-Morne. Dans quelle circonstance l'assemblée vouloit-elle qu'elles abandonnassent Saint-Pierre ? Dans le tems où cette malheureuse ville étoit ceintrée sur les hauteurs qui l'environnent, par un cordon d'esclaves armés, trop nombreux, trop féroces, pour qu'on pût espérer qu'elle ne fût pas saccagée.

Les habitans furent si frappés du sort qui les attendoit, s'ils étoient abandonnés par les troupes & les volontaires, qu'un seul cri des hommes, des femmes & des enfans de Saint-Pierre se fit entendre. Ils alloient tous s'enfuir si on les abandonnoit. Tel fut encore le cri des agens du commerce de France. Les troupes émues de compassion & de douleur, se rappelèrent de leur serment & restèrent ; mais les officiers revinrent.

Cependant la Basse-Terre étoit tranquille, lorsque le 10 décembre, il y arriva la goëlette du roi la Laure, commandée par M. Wan dongen, & le bateau le Coureur, commandé par M. de Lahorie. Ces bâtimens faisoient, nous dit-on, partie de la station de M. de Brayes, & l'on n'en pouvoit douter : la Laure étant venue ici plusieurs fois porter les paquets du gouvernement.

Ces deux bâtimens manquèrent absolument de vivres : ils en demandèrent à M. Petit de Viévigne qui leur en refusa, en renvoyant, dit-on, les matelots avec dureté.

MM. Wan-dongen & Lahorie furent lui représenter qu'ils avoient quatre-vingt hommes au désespoir, & qu'ils étoient d'ailleurs des hommes du roi. M. de Viévigne s'impatienta, & leur répondit qu'ils eussent à en aller demander à bord de la Ferme. On disoit que ce vaisseau, que la municipalité de Brest avoit si bien jugé, s'étoit déclaré l'ennemi de St.-Pierre, qu'il faisoit mettre aux fers & livroit à la fureur des mulâtres, tout ce qu'il pouvoit prendre sortant de cette ville. Un intendant dont la sagesse doit être au-dessus de toutes les passions, a-t-il pu se laisser aller ainsi à l'esprit de parti, & parce qu'il perd un vain titre, témoigner d'une manière aussi indigne de la place qu'il occupe, sa haine pour la révolution? Quoi qu'il en soit, M. de Viévigne, qui probablement ne vouloit qu'embarrasser la municipalité, en causant un grand trouble dans la ville, refusa avec dérision les vivres qu'on lui demandoit. M. Wan-dongen le quitta fort irrité, & vint à la municipalité réclamer son appui. Ce tribunal voyant d'un coup d'œil, comme M. de Viévigne, tous les maux que la rumeur des équipages pouvoit occasionner, députa vers M. l'ordonnateur pour lui représenter les conséquences de son refus; & le bureau en dressa procès-verbal. M. de Viévigne prouva qu'il y étoit autorisé par l'ordonnance.

Depuis la révolution, l'ordonnance n'a été presque toujours dans les mains des chefs, qu'une arme contre la constitution & notre repos. M. de Viévigne ajouta cependant que le cas de

MM. Wan-dongen & Lahorie n'ayant pas été prévu, la municipalité pour ne pas troubler la paix pouvoit leur faire donner des vivres & qu'il les feroit payer. Ainsi M. de Viévigne peut disposer d'une somme considérable contre le vœu des ordonnances, ainsi M. l'intendant peut en imposer à la chambre des comptes ! & pourquoi ne le disoit-il donc pas à M. Wan-dongen? Mais M. de Viévigne étoit-il même de bonne foi avec la municipalité? Ce tribunal avoit fait délivrer des vivres lors de l'embarquement des secours envoyés à Saint-Pierre, & comme il étoit sans facultés, les fournisseurs avoient été obligés d'attendre. Ses bons ne trouvèrent pas confiance; & l'on ne le sçut que lorsque l'effet eût éclaté.

Le soir du même jour les équipages ayant manqué de vivres, ils ne s'attachèrent pas à la municipalité, qui ne pouvoit être leur ennemie; mais à M. l'ordonnateur, qui s'étoit déclaré tel. Des matelots allèrent chez lui. Il en fit porter plainte à M le maire. Et pourquoi ne faisoit-il pas cesser le désordre en donnant des vivres? Le maire fait venir le capitaine chez lui. M. Lahorie promit justice si la plainte étoit fondée.

Le lendemain au matin M. le maire entendit parler sourdement de quelque rumeur entre les équipages : il fit convoquer le conseil & s'y rendit pour y mettre ordre. On parloit de cette affaire, lorsqu'un officier municipal en regardant à la fenêtre, vit une vingtaine de matelots qui montoient en silence & sans armes vers l'intendance; leur nombre & leur silence inquiéta; on députa deux officiers municipaux qui arrivèrent au moment où les matelots entraînoient M. de Viévigne à la municipalité. On le dégagea, & tout le cortège vint avec lui à la maison commune. M. Voisin, officier d'administration, faisant fonction de contrôleur, montra avec force en cette occasion, toutes les marques de son respect pour l'intendant, & de son attachement pour son chef.

On observera qu'il y a fort loin de l'intendance à la maison commune, & que les corps-de-gardes en sont plus loin encore.

Il

Il y fut dreſſé procès-verbal des plaintes & explications reſpectives. Alors M. Lahorie interpella M. l'ordonnateur de lui réitérer la plainte qu'il avoit portée à M. le maire la veille au ſoir. M. l'ordonnateur la déſavoua, accorda les vivres vu l'état des choſes, & les qualités ſur leſquelles MM. les capitaines fondoient leur demandes. Hé ! pourquoi n'avoit-il pas fait tout cela la veille? Les vivres furent fournis, & cette affaire conſignée dans les délibérations du conſeil municipal, du 2 décembre, eſt ſignée par M. de Viévigne ; mais quelques jours après il ſe fait une aſſemblée de paroiſſe. M. l'ordonnateur qui ne ſe trouvoit pas bien dans une ville patriote, où l'on ne parloit que des décrets de l'aſſemblée nationale, où l'on ne deſiroit que l'ordre des choſes établi par elle, M. de Viévigne voulut aller à la Pointe-à-Pitre ſe venger. Il feint une grande frayeur ; & pour échapper à une délibération de paroiſſe où l'on n'avoit pas même penſé à lui, il ſe ſauve par le bord de la mer & ne reſpire que lorſqu'il eſt au bis-daris, à une demi-lieue environ. Il n'y reſte que le tems néceſſaire pour que ſon aventure le dévance. On n'apprit ſa fuite que par quelques perſonnes qui eurent affaire à lui : les gens de ſa maiſon en expliquèrent les motifs ; ils étoient odieux ; & l'on voyoit clairement que notre ville étoit livrée à cette coalition de tous les chefs, qui s'eſt manifeſtée dans les colonies comme dans toute la France, mais avec bien plus de force & de ſuccès.

Dès avant l'arrivée de M. de Viévigne à la Pointe-à-Pitre, l'aſſemblée coloniale dont les barons & les vicomtes n'étoient pas amis de la Baſſe-Terre, voulut ſévir contre elle. Mais ſes députés penſèrent que cette affaire n'étoit pas encore aſſez connue ; & l'on attendit pour prononcer. M. de Viévigne arriva ; on l'embraſſa, on le queſtionna, préjugeant toujours les torts de la Baſſe-Terre, ce qui lui cauſoit infiniment d'embarras : il ne pouvoit démentir ce qu'il avoit ſigné ; voici comme il s'y prit.

« Je dois, dit-il, à la louange de la Basse-Terre, que la » municipalité ainsi que tous les citoyens qu'elle renferme, » n'ont été pour rien dans cette affaire, & que s'ils ne sont » pas venus à mon secours, c'est qu'ils avoient lieu de craindre » un grand désordre, puisqu'il n'y a plus de force publique ».

Et cependant deux officiers municipaux l'ont débarrassé des matelots; ils l'ont conduit à la maison commune où il y avoit une grande multitude.

L'assemblée au lieu de demander à la Basse-Terre des éclaircissemens ou ses moyens de justification, arrête qu'elle excusoit sa foiblesse & lui recommandoit plus d'énergie; & puis par une lettre officielle qui accompagnoit cet arrêté, elle lui disoit : *M l'ordonnateur a préservé la municipalité du sentiment d'horreur que le fait en lui-même devoit naturellement inspirer.* Voici pour les citoyens : *Vos gardes citoyennes, d'aprés vos nouveaux ordres, ne resteront plus dans leur corps-de-garde tranquilles spectateurs de la violation de tous les droits du citoyen.*

L'événement a eu lieu à sept ou huit cents pas de la municipalité; il ne s'est pas jetté un cri; il n'a duré que dix minutes. Si l'assemblée avoit voulu savoir toutes ces circonstances, elle n'auroit pas abusé ainsi de son autorité.

Cet arrêté & cette lettre ne nous sont parvenus que le 16 décembre. Le conseil municipal prit à son tour un arrêté énergique; mais l'assemblée n'ayant pas eu depuis une compétence suffisante, la municipalité a cru devoir remettre à d'autres tems pour le lui faire parvenir. Mais elle attend de la part de M. de Viévigne, elle attend de l'assemblée coloniale elle-même, la réparation qu'on lui doit.

On avoit vu l'assemblée générale, entraînée par quelques-uns de ces hommes qui ont tant d'intérêt à conserver l'ancien régime, sans autre prétexte apparent que leur volonté, détruire, refaire & détruire encore dans la même législature presque tous ſes arrêtés; même ſes cahiers faits dans le tems de l'union & de la concorde; on les avoit vus ces mêmes hommes dans le comité colonial émané de l'aſſemblée, détruire avec adreſſe l'effet de ſes décrets, en rendre l'exécution difficile, impoſſible même. La colonie avoit enfin ſenti que ce n'étoit pas ſans fondement que l'aſſemblée nationale avoit chargé de l'exécution des loix d'autres tribunaux que celui qui les a faites. Elle demanda donc une chambre adminiſtrative, deſtinée uniquement au maintien de la loi qu'elle ne pourroit jamais altérer; mais cette chambre chargée de l'adminiſtration intérieure, achevoit d'enchaîner les unes aux autres, toutes les parties de notre ſyſtême politique; elle lui donnoit tout ce qui lui manquoit de force pour empêcher les abus de l'autorité, & la dilapidation des fonds de la colonie. Auſſi tous les moyens qui avoient été employés pour empêcher les municipalités de s'établir, furent-ils encore mis en uſage; mais bien plus en grand & d'une manière bien plus hardie.

Pendant que d'un côté on faiſoit ſentir aux habitans de la Grande-Terre, à la ville de la Pointe-à-Pitre, qu'il ſeroit contre leur intérêt de laiſſer former un tel établiſſement à la Baſſe-Terre; de l'autre, on intriguoit dans les paroiſſes (19).

Seize députés réunis en aſſemblée générale, dont neuf étoient les députés de la Pointe-à-Pitre, ſeize députés, ſans égard pour une délibération de la colonie entière, & contre la ſanction du gouverneur, écrivirent à toutes les paroiſſes que la chambre adminiſtrative ne pouvoit avoir lieu, & leur aſſurèrent que ce n'étoit pas le vœu du plus grand nombre.

Quatorze paroiſſes s'étoient cependant réunies à la Baſſe-Terre, & leurs repréſentans avoient écrit collectivement à M. le gouverneur, pour le prier de favoriſer le tribunal qu'il

---

(19) M. Cadiot, député de la Pointe-à-Pitre, lors de cette délibération, oſa dire que ſi cette chambre ſiégeoit à la Baſſe-Terre, perſonne de la Grande-Terre ne s'y rendroit.

avoit ſanctionné. Non-ſeulement il ne le fit pas; mais il ne répondit pas même aux députés aſſemblés.

Bientôt après l'aſſemblée générale incompétente, décida que la chambre adminiſtrative ſeroit ſuſpendue.

Depuis, l'adminiſtration de la colonie & les fonds ſont reſtés entre les mains du gouverneur & des députés de la Pointe-à-Pitre, réunis à cinq ou ſix membres, qui ſe diſent aſſemblée générale-coloniale, & ſe déclarent compétens, quand ils en ont un beſoin preſſant, prennent des arrêtés, écrivent à nos députés en France au nom de la colonie entière, dont ils aſſurent préſenter le vœu.

Au milieu de toutes ces illégalités, l'impoſition a été fixée; & la Baſſe-Terre ne s'y refuſe pas, quoiqu'elle n'ait pas eu des repréſentans à l'aſſemblée, quoiqu'elle en trouve le mode faux & dangereux. Il eſt faux en ce qu'il n'aſſure rien au tréſor de l'état, qui ne doit recevoir que l'excédent des dépenſes de la colonie. Il eſt dangereux, en ce qu'en donnant en même tems aux adminiſtrateurs la faculté d'y puiſer juſqu'à huit cent mille livres, il peut rendre la dépenſe beaucoup plus forte que la recette, & qu'il laiſſe à-peu-près à tous la faculté d'en uſer comme bon leur ſemblera. La Baſſe-Terre finira par obſerver qu'il avoit été arrêté que jamais l'impôt ne ſeroit fixé, avant que l'on n'eût rendu compte de l'emploi des fonds livrés l'année précédente, & que ce compte n'a pas été rendu aux paroiſſes; mais nous ne ceſſerons de le dire & de le répéter; on redoute ici cette adminiſtration publique dont la France s'énorgueillit, cette adminiſtration claire ſoumiſe aux lumières de tous, à la volonté de tous, cette adminiſtration où les abus reconnus par tous les membres de la ſociété peuvent être dénoncés par tous, arrêtés & détruits par tous.

Il eſt bien probable qu'on verra long-tems dans les colonies, éloigner, embarraſſer, détruire, tant qu'on le pourra, un ordre de choſes où les gens très-riches & quelques ci-devant nobles, qui font avec eux la maſſe des ariſtocrates des colonies, n'auroient d'influence qu'en raiſon de leur utilité à la choſe publique ; un ordre des choſes où des vertus, où des connoiſſances dans les différentes branches du gouvernement ſuffiſent pour obtenir la confiance générale. Auſſi verra-t-on encore long-tems parmi nous multiplier les intrigues, les délations, les proſcriptions, & tous les autres malheurs des guerres inteſtines (20).

Aux approches du 15 janvier, les paroiſſes de la Baſſe-Terre furent invitées, comme toutes celles de la colonie, à nommer leurs députés à l'aſſemblée générale ; mais des raiſons majeures ont juſqu'ici empêché notre ville de faire cette nomination.

Premièrement, elle ſavoit, comme nous l'avons déjà dit, que quelques individus demeurés à l'aſſemblée incompétente avoient écrit à la nation, au roi, aux places de commerce, avoient établi une correſpondance & des liaiſons avec le Gros-Morne, tandis qu'ils les avoient abſolument rompues avec Saint-Pierre.

Secondement, que la miſſion des commiſſaires du roi étant connue, il étoit plus prudent d'attendre qu'ils vinſſent arrêter les effets de tous ces actes de ſurpriſe.

Troiſièmement, parce ce que la chambre adminiſtrative ne pouvoit s'aſſembler, à cauſe de tous les bruits qui l'avoient miſe en diſcrédit.

Quatrièmement, parce que la députation de la ville s'étant élevée ſans ceſſe contre la cumulation de tous les pouvoirs, qu'on ſembloit vouloir conſerver à l'aſſemblée générale, la

---

(20) On pourra juger de cette vérité en obſervant que ſi les municipalités de la campagnes ont été acceptées, c'eſt que la commune n'y a point de repréſentans, & qu'à la Pointe-à-Pitre on a éloigné de l'aſſemblée primaire de la paroiſſe, un grand nombre de citoyens, en y venant avec le ſabre au poing & les piſtolets à la ceinture ; eſt-ce donc là le pays de la liberté !

Baſſe-Terre jugea que ce corps alloit continuer à les réunir tous, & qu'il n'eſt pas d'eſclavage plus à redouter que celui d'un corps ariſtocratique qui ne meurt jamais.

Les paroiſſes prirent donc une délibération négative, dont les motifs étoient que les inſtructions annoncées, & attendues devant fournir des baſes certaines pour les travaux des aſſemblées, il n'étoit pas prudent de commencer un travail où l'on pourroit s'écarter des principes du tribunal ſuprême de la nation. La ville ajoutoit, qu'elle ne vouloit participer en rien à des choſes inconſtitutionnelles; enfin, qu'elle proteſtoit contre tout ce qui ſeroit fait par le corps colonial de contraire au décret du 8 mars.

Cette délibération, d'après le vœu des paroiſſes, fut adreſſée à M. le gouverneur & à MM. les commiſſaires du roi.

Mais ſuivons l'hiſtoire des faits. On a vu depuis long-tems les officiers du régiment faire à la ville une guerre de ruſe, dont les effets ont failli être funeſtes pluſieurs fois. C'eſt avec douleur que nous voyons des hommes deſtinés à nous défendre, travailler ſans ceſſe à notre deſtruction, perſuadés qu'ils retardent de quelques inſtans les effets de la révolution.

Mais forcés à nous défendre nous-mêmes, nous allons préſenter de nouvelles tentatives qui paroîtront ſans doute invraiſemblables, mais qui n'en ſont pas moins dans la plus exacte vérité. On vouloit, diſoit-on, depuis long-tems former un régiment de gens de couleurs qui ſeroient commandés par les officiers du régiment de la Guadeloupe reſtés ſans ſoldats. Il falloit établir la néceſſité de la formation de ce corps. Il parut utile d'en chercher le prétexte dans les déſordres de la Baſſe-Terre. On commença par dire qu'il y exiſtoit un projet d'enlever le fort Saint-Charles : on montroit une liſte ſignée par les chefs du complot. Mais pourquoi les officiers emploient-ils ainſi des marches ténébreuſes? Eſt-ce donc là la loyauté françaiſe? D'ailleurs pourquoi ne pas préſenter cette liſte à la municipalité; pourquoi n'y pas dénoncer les perturbateurs de leur repos? Nous le demandons; qu'elle soit connue de tous, & que les coupables soient punis. Mais il falloit établir cette opinion dans la colonie, afin d'y préparer les esprits à tout ce qu'on voudroit faire dans la suite. Une seule considération suffisoit cependant pour les faire réfléchir. Où pouvoit mener un pareil projet?

Pendant qu'on fixoit ainsi l'état des choses, le 26 mars, M. Dugommier revint de la Martinique avec les volontaires citoyens. La Basse-Terre crut devoir recevoir avec honneur des hommes qui depuis six mois avoient abandonné leurs foyers, & tous les soins de leur fortune, pour défendre Saint-Pierre contre les hordes qui l'entouroient de toutes parts; des hommes qui avoient conservé à la Métropole & à la Martinique une ville florissante, dont la ruine auroit entraîné d'autres malheurs bien plus grands encore. La garde nationale de la ville, voulut donner à M. Dugommier, à ses freres d'armes, une fête splendide. Une table de trois cens couverts fut dressée sous des tentes à la rivières des pères, & les volontaires s'y rendirent avec la garde nationale & beaucoup de citoyens recommandables par leurs professions, & leurs sagesse; tout s'y passa avec une tranquillité bien surprenante dans une foule de jeunes gens réunis pour se réjouir. Le retour fut aussi paisible que la fête. Cependant on avoit soin d'allarmer la ville, en disant qu'ils étoient presque tous ivres. Notre jeunesse en fut avertie : elle crut devoir s'en venger, en faisant une promenade militaire. Elle traversa ainsi toute la Basse-Terre jusqu'à l'église des Carmes, par conséquent sans approcher du fort. Cependant les officiers du régiment, sans craindre d'être démentis par tous les citoyens de la ville, par l'évidence des faits, par leur propre conscience, publièrent que le dessein de la garde nationale & des volontaires avoit été de s'emparer du fort, qu'ils se présentèrent jusques au glacis, mais qu'ils furent retenus par la bonne contenance des officiers & de la petite garnison. Et pour achever de de consolider cette calomnie, ils délibérèrent qu'aucun officier ne coucheroit hors du fort, qu'ils y feroient la garde avec les bas-officiers & le reste des soldats. Depuis, ils ont gardé cette convention avec une contenance affectée, sortant du fort chaque matin armés, un mouchoir au tour de la tête, comme s'ils venoient de la tranchée ou de quelques partis.

Les citoyens ont été consignés aux portes de la citadelle; & ce qu'on a peine à concevoir, c'est que pendant la même nuit, dix soldats ont été arrêtés dans leurs hamacs par leurs officiers mêmes, qui leur ont mis le pistolet sur la gorge, & les ont envoyés à la Pointe-à-Pitre chargés de fers. Jettés dans les cachots ils y ont été interrogés ; & l'on voit avec autant d'indignation que de surprise que la prétendue invasion du fort a été le prétexte des horribles traitemens qu'on leur a fait essuyer. N'est-il pas vrai, leur demande-t-on dans leur interrogatoire, que M. Dugommier & la garde nationale ont été pour enlever le fort? Ils répondent qu'ils n'en ont pas eu connoissance ; mais qu'un de leur capitaine qu'ils nomment, les a ménacés en leur répétant : soldats ! on ne peut pas servir deux maîtres, la nation & le roi (21).

C'est cependant de cette manière qu'on a répandu dans la Grande-Terre les bruits les plus désastreux contre notre ville. C'est ainsi qu'on a sçu y rendre odieux des hommes amis de la paix; mais suivons l'ordre des faits que nous nous sommes prescrits.

Le garde citoyenne de tout tems a fait des patrouilles. Le 6 avril dernier, elle en fit une par les hauteurs de la ville. Cette patrouille composée de cinq hommes, dont un n'a pas

---

(21) Ces soldats ont envoyé à la municipalité de la Basse-Terre les détails qu'on vient de lire, signés d'eux.

quinze

quinze ans, paſſa devant l'hôpital & s'arrêta au corps-de-garde, ou elle entra, parce qu'elle ne vit point de ſentinelle devant les armes. On lui offrit du rum. Quatre refusèrent; le cinquième n'accepta que pour endormir une douleur de dent qui le tourmentoit.

Après différentes choſes, le caporal ayant parlé d'un citoyen qui étoit entré dans le fort où on l'avoit faire boire, avoit raconté aux ſoldats les événemens qui avoient eu lieu à Saint-Pierre, ajouta que depuis, leurs officiers avoient fait fermer la fauſſe porte du fort, ce qui les obligeoit à faire un très-grand tour pour aller au galion laver leur linge. Tout le reſte de la converſation fut celle de gens qui n'avoient rien à ſe dire : l'on ſe ſouhaita le bon ſoir, & la patrouille continua ſon chemin.

Cependant le lendemain le bruit courut qu'une patrouille bourgeoiſe étoit allée pour ſéduire la garde, afin de prendre le fort. Et la même nuit un ſoldat nu juſqu'à la ceinture, alla chez M. le maire, entre une & deux heures du matin, le fit éveiller, & lui demanda du ſecours d'un air fort empreſſé, en diſant qu'on s'égorgeoit dans le fort. M. le maire apperçut le piège & le renvoya. Mais s'il eut fait partir des ſecours, n'auroit on pas dit que c'étoient des aſſiégeans ?

Ni l'état-major de la place, ni celui du régiment ne ſe plaignoient. A l'ordinaire le bruit étoit jeté & abandonné aux ſoins de la renommée; mais la choſe paroiſſoit ſi poſitive, que M. le maire en parla à ſept heures du ſoir à M. Bonnier, commandant du fort Saint-Charles. Il convint de la vérité, & promit d'envoyer le lendemain le rapport du caporal à la municipalité : il tint parole, & l'écrivain de la place ſe préſenta au bureau avec la pièce : l'on en dreſſa procès-verbal; & elle fut copiée & collationnée; l'écrivain ſigna, & l'original lui fut rendu.

— Le bureau manda ſur le champ le chef-d'armes, pour ſavoir quel étoit le chef de poſte dont dépendoit la patrouille, &

les hommes qui la composoient : ils furent tous mandés & interrogés; & leur interrogatoire est en entier conforme à ce que nous venons de rapporter. Ils demandèrent de la manière la plus ingénue, pourquoi on les avoit interrogés. On leur lut alors le procès-verbal du caporal Pothon. Tous montrèrent sur le champ leur indignation, & demandèrent à lui être confrontés & à ses soldats. Ainsi parle l'honneur outragé. On écrivit leur demande comme on avoit fait leur réponse. Le bureau sur le réquisitoire du procureur de la commune dénonça l'accusation & la demande en confrontation au pouvoir judiciaire. Il fit remettre copie de son arrêté à M. Bonnier, commandant des troupes de ligne. M. Bonnier se récrie, proteste qu'il n'a pas voulu porter plainte pour le bien de la paix. On lui répond que c'est haïr la paix que de ne pas dénoncer les auteurs d'une insurrection; que c'est haïr la paix que de trouver mauvais que des accusés poursuivent leur calomniateur. Mais ce que l'on ne peut observer sans étonnement, c'est que Pothon a signé la pièce, de manière qu'il n'y a pas une lettre égale aux autres, comme un homme qui ne sait écrire que son nom encore fort mal, ou dont on a conduit la main, ensuite que cette pièce où l'on avoit employé le style qui convenoit à l'homme qui devoit l'avoir écrite, avoit été faite par un autre soldat écrivain à l'hôpital militaire, & que Pothon effrayé de la tournure que prenoit l'affaire passa pour la désavouer. M. le commandant est allé lui-même défendre aux soldats de comparoître en justice, sous prétexte qu'il ne pouvoit rien faire, sans prendre les ordres du gouverneur. L'affaire a été suivie & M. le procureur-général en a écrit au gouverneur, sans qu'on ait pu encore obtenir que les soldats comparussent (22).

(22) Cependant la Capesterre ayant accusé un planteur de folie, on a permis aux soldats de comparoître dans cette circonstance, parce qu'il falloit accabler un homme qui déplaisoit. Mais ici il falloit cacher une intrigue odieuse.

Eh ! quoi le paiſible citoyen ſera donc toujours en proie aux entrepriſes de l'orgueil & du deſpotiſme militaire! & toujours ces hommes faits pour obéir, ne connoîtront d'autre loi que la force ! Peuple français, les citoyens des villes de l'amérique ne doivent-ils pas être compris dans vos plans de ſageſſe, de liberté, de bonheur? Voyez à quelle échelle de pouvoirs affreux, nous ſommes encore ſoumis? Un caporal accuſe des citoyens; la municipalité les dénonce; ils ſont ſous la vindicte publique; leur honneur eſt en ſouffrance, leur fortune en danger : & ce n'eſt rien pour un chef militaire : ſous le prétexte d'ordre & de paix, il propage le déſordre; il détruit la paix ! Un ſimple major de place ſouſtrait au pouvoir de la juſtice les calomniateurs, leur défend de comparoître. Et pendant ce tems une trâme perfide continue peut être à s'ourdir ! Peuple français étendez donc votre puiſſance juſques à nous. Nous n'avons plus d'autres défenſeurs, ou donnez-nous des loix, & donnez à ces loix votre puiſſance, & que nul ne ſoit au-deſſus de la loi, que nul ſous aucun prétexte ne puiſſe s'y ſouſtraire. Pendant que vous êtes libres & heureux, on nous entoure d'embûches, de ſéductions, de malheurs; & l'on reſſerre plus que jamais les liens que vous avez rompus; & vous citoyens des antilles, de quelque parti que vous ſoyez, quelles que ſoient vos opinions, ſi la juſtice eſt ſans force, quel ſera votre aſyle contre les entrepriſes de vos commandans, de vos gouverneurs? Et dans l'ordre militaire, ſongez-y bien ! Le dernier caporal peut devenir, ſinon le commandant de la colonie entière, au moins celui d'un quartier. Et quand il ne le ſeroit que d'une chaumière, s'il eſt plein d'orgueil, & s'il a le cœur rempli de vengeance, n'en ſerez-vous pas comme nous les victimes malheureuſes?

RÉSUMÉ.

Il résulte de ce récit, que c'est injustement que les officiers du régiment de la Guadeloupe accusent hautement cette ville, ou quelques citoyens d'avoir troublé l'union qui doit régner entre leurs soldats & eux, d'avoir éteint toute confiance réciproque, d'avoir enfin séduit la troupe, puisqu'il ne s'est rien passé ici qui ait démontré aux citoyens que le régiment étoit en insurrection, même lors du départ pour Saint-Pierre, pas un seul n'étant parti au-delà du nombre fixé par le comité colonial, & sanctionné par le gouverneur. Quant aux démêlés intérieurs, ils doivent avoir eu lieu ici comme dans toute la France, & toutes les colonies, parce que par-tout, le soldat étoit tenu dans un état d'oppression, de besoins & de violence, tel qu'il étoit impossible qu'il ne voulût pas chercher à s'en affranchir; parce qu'ici comme dans toute la France, il a vu ses officiers vouloir le rendre passif dans la révolution qu'il devoit protéger, parce qu'ici particulièrement le mémoire de M. Vernier les a instruits sur leurs droits. Non-seulement ici comme en France on a voulu en ravir l'appui au peuple; mais encore, on a semblé vouloir lui en faire un ennemi redoutable. En falloit-il d'avantage pour éteindre la confiance des soldats & des citoyens en l'état-major du régiment; en falloit-il d'avantage pour amener la destruction de toute la colonie? Nous le demandons maintenant à toutes les Antilles, à la France entière, quels sont les sentimens que nous devons à des hommes qui nous paroissent avoir amené une ordre de choses tel qu'ils ont pensé que leurs femmes, leurs enfans, n'étoient pas en sûreté dans les lieux où ils nous laissoient? Pourrons-nous jamais compter au nombre de nos amis, regarder comme nos défenseurs, ceux qui depuis trois mois sont toujours en armes contre nous, & ne s'éloignent de notre ville, que pour aller dans le reste de la colonie répandre des calomnies atroces? Pouvons-nous enfin nous croire en sureté avec des hommes, dont la haine se manifeste sans cesse contre les citoyens, des hommes qui par le spectacle des précautions qu'ils feignent de prendre contre nous, tiennent nos gens de couleur dans un état d'inquiétude continuelle, état qu'ils entretiennent par leurs rapprochemens indiscrets. Qu'ils haïssent la constitution, qu'ils en détestent les établissemens! Mais puisqu'ils restent à la solde de la nation qu'ils sachent respecter sa volonté, & le peuple qui a fait la loi. Vous habitans de la Grande-Terre qui avez contre nous de si fausses préventions, dites, s'il est une situation plus violente que celle ou nous sommes sans cesse : reprenez le ce régiment qui n'est plus que notre ennemi, & donnez-nous des gens qui nous protègent. Vous qui nous reprochez l'arrestation du représentant du roi, pensez vous bien que la royauté soit communicable? Et si vous le croyez, pensez-vous que tous vos gouverneurs puissent aimer & chérir la révolution comme Louis XVI? Des hommes qui perdent des richesses, des titres, des honneurs dont ils étoient si vains, & cette autorité qui pesoit sur vous avec tant de force, cette autorité qu'ils sont obligés de remettre en vos mains; pensez-vous qu'ils doivent chérir un ordre de choses aussi étrange, aussi oppressif pour eux? Si vous pouvez le croire un instant, voyez les soulever toute la France, & toutes les colonies, par-tout dans le même-tems. Voyez les former des partis, & sous le prétexte d'entretenir l'ordre, armer les citoyens contre les citoyens. Par-tout enfin voyez s'ils ne sont pas entourés de gens qui tiennent à leur sort, & qui doivent comme eux être accablés de douleur & avoir le cœur rempli de haine. D'après ces considérations, voyez au milieu de nous M. Clugny, baron, gouverneur, ami de M. Damas, généralissime des îles du vent. Vous avez vu qu'il gagnoit les députés à l'assemblée, retardoit les établissemens constitutionels; qu'il avoit une correspondance très-active avec la Martinique; qu'il employoit des précautions majeures pour l'assurer; vous avez vu qu'il félicitoit M. Damas sur l'expédition de Saint-Pierre, que sans les circonstances où il se trouvoit alors, il auroit renouvelé à la Basse-Terre toutes les violences exercées à Tabago, à Saint-Pierre, à la Pointe-à-Pitre, comme à Marseille, à Montauban, à Nancy. D'après cela jugez qu'elles ont dû être les terreurs du peuple que des avis arrivant successivement de toutes parts, tenoient dans l'attente des événemens qu'il voyoit avoir lieu par-tout autour de lui.

C'est dans cet état de choses que les MM. Lépine-Papin arrivent, qu'un officier de la Guadeloupe vole au-devant d'eux, les introduit avec mystère. La lettre qu'ils portent annonce une demande de secours; & M. de Clugny le reconnoît, puisqu'il dit qu'*il n'a rien écrit qui ait pu lui attirer une telle réponse*. Cependant que fait la Basse-Terre? Elle arrête qu'il sera donné avis au comité colonial, en le priant de convoquer toutes les paroisses de la colonie. En attendant, la ville se contente de demander que la municipalité mette une garde auprès du gouverneur. La municipalité ne fait rien qui ne soit décidé par le comité colonial, qui arrête que cette garde sera posée. Et M. le gouverneur qui avant est prié de l'accepter, le fait avec joie & reconnoissance. Quelques paroisses veulent que le général soit embarqué pour France; & tous leurs commissaires approuvent ce que la Basse-Terre & le comité ont fait. La moitié même de la colonie, veut que les choses restent dans cet état, même que les précautions soient augmentées. Cependant la Basse-Terre s'assemble, & contente d'avoir écarté le danger, elle demande que la garde soit levée, & consent à l'oubli du passé que M. le gouverneur demandoit depuis plusieurs jours; elle entraîne tous les avis, & tous les corps se jurent une confiance, une amitié mutuelle. Notre ville l'a gardé ce serment; & les mêmes hommes qui avoient juré avec elle, ont couru la colonie pour perdre la Basse-Terre dans l'opinion publique; & M. de Clugny les a secondés de tout son crédit. Les partisans de M. de Clugny ont crié par-tout qu'il existoit à la Basse-Terre un parti qui vouloit sa perte. Mais s'il en avoit été ainsi, on auroit arrêté son secrétaire, saisi ses papiers : quelqu'un le proposoit ; mais cet avis fut rejetté, parce qu'il pouvoit amener une conviction que nous devions redouter, les apparences mêmes étant dangereuse dans l'extrême agitation des esprits. On vouloit écarter le danger ; mais on vouloit aussi qu'il ne restât que le plaisir de l'avoir écarté. Nous resterions encore dans le silence, si nous ne savions pas qu'il est déjà parti pour France plusieurs mémoires, où les faits sont peut-être présentés sous d'autres points de vue.

Quoi qu'il en soit ; il est évident que nous n'avons fait que pourvoir à notre sureté comme à celle du gouverneur, qui lui est resté plein pouvoir de tout faire, de tout écrire ; il est évident que la municipalité n'a pas fait un pas sans en prévenir le comité colonial ; que celui-ci a dirigé toutes ses démarches, & que la colonie entière a tout approuvé, trouvé tout convenable aux circonstances.

Maintenant quels sont nos rapports avec M. de Viévigne. Il arrive de la Grande-Terre, & sans aucune information, sans aucune raison, il nous comprend dans une plainte, il fait lancer contre nous un arrêt diffâmant. Il est si pressé de jouir, que lui-même en corrige des exemplaires, en fait tirer sous un format commode pour le transport. Le soir même il en envoie à ses amis & au-dehors. La ville présente requête au conseil. Il y siégeoit ; il nie tous les faits ; on les lui prouve ; il retire sa remontrance, mais il conserve sa haine (23).

Il vint par la fenêtre dire au prote de casser la planche, & de lui rendre son ordre d'imprimer. Le prote refusa ; & depuis M. de Viévigne a poursuivi madame Benard, imprimeur, avec un acharnement difficile à imaginer.

M. Wan-dongen arrive avec quatre-vingts hommes qui font sans vivres. M. de Viévigne loin d'empêcher le désordre qu'il prévoit; insulte à leur situation, les irrite par des sarcasmes. Le résultat qu'il avoit pensé devoir être fâcheux pour la municipalité, sur laquelle il l'avoit rejetté avec adresse, ne devient désagréable que pour lui. Cependant un officier municipal vole à son secours, le rassure, le conduit à la maison commune. Là on dresse procès-verbal des faits. Il donne des raisons & reconnoît que les plaintes qu'il avoit portées la veille n'étoient pas fondées.

Cependant quelques jours après il fait de la Basse-Terre en désordre, comme s'il échappoit à un grand danger, tandis que personne ne pense à lui, & ses amis soulèvent sourdement l'assemblée qui, n'osant prendre un arrêté, écrit une lettre injurieuse. On voit donc que la haine de M. de Viévigne poursuit une ville qui n'a fait que lui rendre service.

Envers la colonie qu'avons nous à nous reprocher? Incapables d'imaginer que les planteurs eussent réellement médité la destruction des villes, nous avons toujours vécu en bonne intelligence avec les campagnes qui nous environnent; & certainement les haines dont on nous accable ne viennent pas de ceux qui dans cette classe de citoyens si précieux pour la métropole, n'ont que la noble ambition de vivre libres, & de remplir les engagemens qu'ils ont contractés.

Quant à l'assemblée coloniale, tant qu'elle a été compétente, tant qu'elle ne s'est occupée que du bonheur de tous, on y a vu nos députés s'efforcer d'y concourir par leur assiduité, leur zèle & nos sacrifices. Ils l'ont quittée lorsque l'assemblée coloniale étant devenue incompétente, cinq à six députés de la Pointe-à-Pitre, se joignant à cinq ou six barons, marquis ou chevaliers, se sont permis une foule de procédés aussi étranges qu'inconstitutionnels; ils sont revenus vers nous, lorsque ces hommes faisant quitter à la colonie la neutralité qu'elle avoit gardée jusqu'alors; ils ont accablé de haine

haine tous ceux qui haïſſoient le Gros Morne. Nous avons refuſé d'en envoyer d'autres à l'époque du 15 janvier 1791, parce que nous avons penſé qu'elle deviendroit pour nous une ſource intariſſable de maux que les inſtructions ſeules peuvent empêcher, & que d'ailleurs l'ignorance profonde où nous ſommes des vues de la Métropole, rendroit notre marche incertaine & probablement vicieuſe. Au reſte, à cet égard, nous avons penſé comme la plupart des paroiſſes, & toutes les îles dépendantes de la Guadeloupe. Pourquoi la Baſſe-Terre ſeule eſt-elle donc outragée?

On reproche à la Baſſe-Terre d'avoir embraſſé le parti de la ville ennemie des habitans. Eh! comment l'aurions-nous conſidérée ſous ce point de vue, quand nous ſavions qu'elle étoit pleine d'habitans réfugiés, quand nous ſavions que M. Damas faiſoit enlever dans les campagnes les planteurs qui tenant pour Saint-Pierre, ne couroient pas au Gros-Morne? Quand nous voyons M. Damas traiter en ennemi le commerce de France, inſulter les Bordelais, arracher l'habit national? Quand nos députés conciliateurs n'oſoient aller vers le directoire avec cet uniforme, tandis qu'à Saint Pierre on chériſſoit la révolution, que ſa rade étoit pleine des bâtimens du commerce, qui la défendoient & arrêtoient ſa deſtruction.

Nous n'avons donc pu voir dans cette malheureuſe guerre, qu'un grand trouble excité par les commandans militaires, les agens du miniſtère, qui redoutent la révolution; nous avons dû chercher à mettre la paix entre des frères que l'on forçoit à s'égorger en les trompant. Auſſi notre municipalité avoit elle envoyé des commiſſaires conciliateurs, avant que la colonie entière de la Guadeloupe eût envoyé les ſiens. Le peuple a dû pancher pour Saint-Pierre. Mais qu'on ouvre les regiſtres de notre municipalité, qu'on liſe ceux du comité, & l'on verra ſi nous avons envoyé à la Martinique des ennemis pour la détruire. Au reſte, la Baſſe-Terre n'a rien fait pour Saint-Pierre qui n'ait été fait bien plus en grand par le comité colonial, que l'assemblée générale n'en ait donné l'exemble avant, & qu'elle n'ait ensuite entièrement approuvé.

Maintenant que peut nous reprocher la Pointe-à-Pitre? Nous ne disposions que de l'entrepôt. Nous avons pensé qu'il étoit généreux de le partager avec elle, & nous l'avons fait! & cette ville s'unit à nos ennemis! tous ensemble, ils crient que personne n'est en sureté parmi nous. Rapprochons les évé-nemens fâcheux : voyons dans laquelle des deux villes ils ont été plus remarquables & plus nombreux. On cite contre la Basse-Terre l'arrestation du gouverneur, la corde passé au ré-verbère, l'histoire de M. de Viévigne, les applaudissemens & improbations de la galerie : nous croyons avoir détruit toutes ces inculpations. Mais à la Pointe-à Pitre, on a vu la vie de M. Darot menacée, la ville sur le point d'être incendiée pour le transport du carénage : on y a vu l'assemblée n'y contenir les galeries que par des gens armés ; on a vu les représentans de la colonie n'entrer au lieu des séances que les pistolets à la ceinture & le sabre en baudrier ; on y a vu arrêter quatre ci-toyens, les retenir quatre mois dans les fers, & leur refuser ensuite les dédommagemens qu'on avoit cru devoir leur pro-poser : l'on a vu deux fois les habitans y descendre en armes, & y jetter l'épouvante sur de faux bruits, des craintes ima-ginaires. Dans les assemblées de paroisses on n'a jamais vu que des haines & des vengeances. Un parti en a chassé l'autre avec violence, & les officiers municipaux n'y ont été nommés & installés que par des citoyens armés de bâtons, de sabres & de pistolets.

On nous reproche l'arrestation de MM. Papin, & ils ont été traités par les officiers publics avec humanité, quoi qu'ils ne fussent pas sans reproches : on a cherché à leur assurer une réception flateuse dans le reste de la colonie.

Et les députés de Saint-Pierre à la Pointe-à-Pitre ont été traînés dans les cachots & couverts d'infamie.

La prise de la cocarde n'a été pour nous qu'une fête civique ; elle a été à la Pointe-à-Pitre une scène tumultueuse, orageuse, où M. Godet, conseiller, & le capitaine de port, ont été traités avec dureté. Elle a pensé y faire égorger un officier de la Guadeloupe, imprudent sans doute, de ne pas contenir le ressentiment que lui causoit le signe de la liberté française.

Si l'on ajoute à cette masse d'événemens facheux, arrivés à la Pointe-à-Pitre, ceux qui ont eu lieu parmi les noirs, on verra que la partie de la Guadeloupe qui est séparée du reste de la colonie par les montagnes, cette partie dont nous occupons le centre, a joui d'une paix inconnue par-tout ailleurs, quoiqu'on ait multiplié les tentatives les plus étranges pour la troubler.

Nous ne la devons, cette paix, qu'à notre comité établi de bonne heure, comme à la municipalité qui lui a succédé. Elle seule nous a garantis des malheurs qui nous menaçoient. Nous pardonnons à nos ennemis ; mais qu'ils s'éloignent, & nous laissent jouir des bienfaits de la constitution : qu'elle soit pour nous la même que pour la France, & que l'exemple de notre ville apprenne que le prétexte des localités n'est qu'une arme dont se servent les mal-intentionnés, pour écarter de nos malheureuses contrées le bonheur & la liberté.

Dans un pays où les blancs doivent être l'unique objet de la vénération des esclaves, n'a-t-on pas le plus grand intérêt à élever tous les blancs aux mêmes degrés de considération. L'esclave peut-il appercevoir un être infiniment au-dessus de lui, dans le blanc malheureux qu'il voit toujours soumis aux volontés d'un autre blanc plus favorisé de la fortune, qu'il voit par-tout porter à d'autres blancs les mêmes respects qu'on exige de lui ? Peut-il nous croire tous des êtres par excellence faits uniquement pour commander, quand il voit la moitié de nous destinés à obéir toute la vie ? D'ailleurs cette réunion de tous les blancs, en relevant le courage de ceux qui sont aujourd'hui dans l'abaissement, ne rendra-t-elle pas plus énergique, plus forte, la classe qui doit commander.

En vain l'on dit que le rouage de la machine de la conſtitution françaiſe eſt trop multiplié pour des hommes occupés de leurs travaux. Mais cette milice dont ſe ſervoit le gouverneur pour faire exécuter ſes volontés, n'étoit t'elle pas plus compliquée encore; ne peſoit-elle pas ſur tous les individus de la colonie? L'aſſemblée coloniale n'exiſtoit-elle pas avant, & tous les deux mois nos conſeillers ne s'aſſemblent-ils pas encore de toutes les parties de la colonie? Eſt-il un de ces hommes qui ne ſoit pas habitant? Enfin, y a-t-il la moindre comparaiſon à faire entre les effets d'une autorité unique, puiſſante, active, partiale & fantaſque, & les effets d'une loi égale qui jamais ne dérangera le colon par caprice, qui jamais ne pourra le pourſuivre par haine, qui jamais ne pourra le punir ſans preuve évidente & condamnation publique préalable. S'il étoit un français capable de regretter ſon eſclavage paſſé; qu'il rougiſſe devant la loi, & qu'il aille tendre ſes mains aux fers des Ruſſes, à ceux plus affreux des Turcs, à ceux plus inſupportables de Maroc.

Eloignons donc des objections futiles, & convenons de bonne foi que la conſtitution françaiſe ne ſera pas pour nous une augmentation de travaux; mais qu'elle ſera le plus ſûr appui du ſyſtême colonial, qu'elle augmentera notre proſpérité & notre oppulence, en augmentant notre ſureté & notre liberté.

Peuple français, nous vous la demandons, cette conſtitution qui fait votre gloire, & qui aſſure votre bonheur & votre oppulence, cette conſtitution dont nous faiſons notre idole, quoique nous n'en ayons encore eu que quelques avantages: que nos municipalités ſoient puiſſantes comme les vôtres, & qu'elles nous garantiſſent du deſpotiſme de nos gouverneurs. Ecartez donc la main qui veut éloigner de nous vos bienfaits, & nos bénédictions ſeront éternelles comme le bonheur que nous attendons de vous.

Nous finiſſons ce mémoire, en offrant de juſtifier, d'après

les pièces qui sont déposés à la municipalité, tout les faits qui y sont exposés d'une manière certaine, invitant toute personne sans distinction qui en auroit le moindre doute, de s'en convaincre par elle-même.

Paraphé *ne varietur* par nous président & secrétaire, au desir de la délibération des deux paroisses de la ville, en date du 26 juin 1791.

Signé DE BOVIS, président, & NATOIRE, secrétaire.

Extrait de diverses délibérations des deux paroisses de la ville Basse-Terre Guadeloupe.

Paroisse de Saint-François, du neuf janvier mil sept cent quatre-vingt-onze.

M. Pautrisel fils, président, & M. Gerlain, secrétaire.

LA paroisse considérant aussi que divers événemens arrivés dans cette ville tels que la garde de M. le gouverneur, la sortie des troupes & volontaires passés au secours de la Martinique, & la discussion de M. l'ordonnateur avec l'équipage de la corvette la Laure, peuvent avoir été transmis en France avec des détails peu exacts, & par cette raison y faire naître des impressions défavorables aux citoyens & à la municipalité de cette ville, & voulant d'une manière précise prévenir & détruire ces impressions a arrêté que la municipalité de cette ville est priée de dresser un précis historique de ces événemens, & de l'adresser avec les pièces à l'auguste assemblée nationale, & à la municipalité de Paris.

La paroisse considérant encore que dans le nombre des représentans des deux paroisses de la ville à l'assemblée coloniale, il en est qui ont été à la Martinique comme députés conciliateurs; que la municipalité avoit également envoyé à la Martinique une députation conciliatoire, dont le rapport doit être fait incessamment, que de la réunion des députés des deux paroisses à ceux de la municipalité, il ne peut résulter qu'un rapport plus étendu, plus exact, par l'ensemble & la réunion des lumières acquises, & une uniformité desirable dans une affaire aussi importante, a arrêté que les représentans des deux paroisses qui ont été à la Martinique députés conciliateurs se réuniront à la députation de la municipalité pour le rapport à faire tant à ladite municipalité qu'aux paroisses.

La paroisse prenant en considération que l'état où se trouvent les colonies françaises paroît n'être connu de l'assemblée nationale & de toute la France, que par des relations partielles qui ne permettent pas de saisir l'ensemble de la position cruelle des colonies depuis la régénération de l'empire Français, que les deux paroisses de cette ville ont particulièrement à se féliciter du bienfait que leur a procuré le décret de l'assemblée nationale pour l'établissement des municipalités, bienfait d'autant mieux senti, que cette ville en a seule joui jusqu'à présent, & qu'elle doit à cet établissement sa tranquillité & sa sûreté, a arrêté que par quatre commissaires choisis, deux dans chaque paroisse de la ville, il sera dressé un mémoire sur l'état & les affaires des colonies, depuis la régénération de l'empire Français, dans lequel sera exprimé le vœu de gratitude de cette ville sur l'établissement de sa municipalité envers l'assemblée nationale, lequel mémoire sera adressé à l'assemblée nationale, aux députés de la colonie, à la municipalité de Paris, & à M. Guillermin, notre très-digne concitoyen, & a nommé deux commissaires de la paroisse, & ont signé Pautrisel fils, président, & Gerlain, secrétaire.

Collationné par moi dépositaire des registres paroissiaux, *signé* Arthur Regnault, secrétaire.

Paroiſſe de Notre-Dame du Mont-Carmel, du treize janvier mil ſept cent quatre-vingt-onze.

M. Amic, préſident, M. Nadau Deſilet, ſecrétaire.

M. le préſident a propoſé qu'il fût fait un récit des principaux événemens qui ont eu lieu à la Baſſe-Terre depuis la révolution, lequel récit a été arrêté à l'unanimité des voix par les paroiſſiens aſſemblés.

Deux commiſſaires ont été nommés & priés de ſe joindre aux commiſſaires de la paroiſſe de Saint-François qui ont été chargés de s'en occuper, ils ont été pareillement priés de travailler à un mémoire rélatif aux affaires préſentes, & ont ſigné Amic, préſident, Nadau Deſilet, ſecrétaire.

Collationné par moi dépoſitaire des regiſtres paroiſſiaux, *ſigné* Arthur Regnault, ſecrétaire.

Les deux paroiſſes réunies, du quinze mai mil ſept cent quatre-vingt-onze.

M. Oraiſon, préſident, & M. Nadau Deſilet, ſecrétaire.

Un des quatre commiſſaires nommés pour la rédaction du mémoire qui forme l'objet de la convocation de ce jour en a fait lecture, & après la lecture dudit mémoire les citoyens ont arrêté unanimement que M. le commiſſaire feroit prié de vouloir bien le dépoſer ſur le bureau, ce qu'il a fait à l'inſtant. L'aſſemblée a enſuite donné à ce commiſſaire les témoignages de reconnoiſſance auſſi ſincères que mérités, pour la peine & ſoins qu'il s'eſt donnés ainſi que ſes collègues.

Arrête que ledit mémoire ſera remis au conſeil général de la commune, pour y faire tels changemens & augmentations qu'il jugera convenable, en préſence & conjointement avec les commiſſaires des paroiſſes & les citoyens qu'il jugera à propos d'y adjoindre.

En conſéquence l'aſſemblée invite MM. du conſeil général de la commune de s'aſſembler inceſſamment à l'effet de l'examen dudit mémoire, & s'ajourne à dimanche prochain à neuf heures du matin pour l'approbation ultérieure d'icelui, modifications & obſervations qui pourront y être faite, & ont ſigné Oraiſon, préſident, Nadau Deſilet, ſecrétaire.

Collationné par moi dépoſitaire des regiſtres paroiſſiaux. *Signé* Arthur Regnault, ſecrétaire.

Extrait des regiſtres du conſeil général de la commune de la ville Baſſe Terre Guadeloupe, délibération du dix-ſept mai mil ſept cent quatre-vingt-onze.

Le procès-verbal de l'aſſemblée des deux paroiſſes, lequel renvoie l'examen du mémoire de leurs commiſſaires au conſeil général compoſé de MM. Pautriſel fils, maire, Artaud, Fougas, Dupuch, Delorme, officiers municipaux, Franchon, Ancelin, Dujarry, Natoire, Duc, Bigueriſſe, & Boſſan, membres de la commune, a été lu, & après lecture, M. le maire a propoſé de nommer des commiſſaires, ce qui a été accepté à l'unanimité. Enſuite, s'il en ſera nommé trois, plus ou moins; & il eſt arrêté à la grande majorité qu'il en ſera nommé trois. Enſuite il a été mis en délibération, comment il ſera procédé à la nomination des commiſſaires, & le conſeil décide que M. le maire en fera la nomination, en conſéquence, M. le maire a nommé trois commiſſaires auxquels le conſeil recommande de s'en occuper ſans délai, très-inceſſamment & le conſeil les a approuvés, ſigné ſur le regiſtre Pautriſel, maire, & Arthur Regnault, ſecrétaire-greffier.

Collationné. *Signé* Arthur Regnault, ſecrétaire-greffier.

Extrait

Extrait des regiſtres du conſeil général de la commune de la ville Baſſe-Terre Guadeloupe, délibération du vingt-cinq juin mil ſept cent quatre-vingt-onze.

Les commiſſaires nommés par le conſeil général, & ceux nommés par les paroiſſes ont fait lecture des mémoires compoſés par ordre & pour les intérêts de la ville. Lecture faite, le conſeil général compoſés de MM. Pautriſel, maire, Artaud, Fougas, Dupuch, D. Romain, officiers municipaux, Bonnet, procureur de la commune, Ancelin, Natoire, Bigueriſſe, Franchon, Boſſant, Dujarry, Leborgne, notables de la commune, déclare qu'il ne peut qu'être ſenſible à la confiance que les paroiſſes lui ont témoignée, en lui renvoyant la correction de leur mémoire, que l'intention du conſeil général eſt remplie par les commiſſaires, leſquels ont dreſſé l'hiſtorique des événemens de la Baſſe-Terre, avec la grande modération qui eſt dans l'intention de la ville, & de la municipalité. En conſéquence arrête que ledit mémoire ſera préſenté demain aux paroiſſes aſſemblées par deux notables de la commune, & M. le ſecrétaire greffier qu'il nomme commiſſaire à cet effet. *Signé* ſur regiſtre Pautriſel, maire, & Arthur Regnault, ſecrétaire-greffier.

Collationné. *Signé* Arthur Regnault, ſecrétaire-greffier.

Extrait du regiſtre des délibérations des deux paroiſſes réunies, de la ville Baſſe-Terre Guadeloupe, du vingt-ſix juin mil ſept cent quatre-vingt-onze.

M. de Bovis, préſident, & M. Natoire, ſecrétaire.

On a enſuite commencé la lecture du mémoire contenant l'hiſtorique des principaux événemens arrivés à la Baſſe-Terre, depuis le commencement de la révolution, & dont la remiſe a été faite aux paroiſſes par les commiſſaires nommés par

M

l'arrêté du conseil général de la commune en date d'hier. Ladite lecture achevée, le mémoire a été approuvé sauf à y ajouter les notes qui y ont été faites, & il a été arrêté que ledit mémoire sera paraphé *ne varietur* par le président & le secrétaire, déposé à la municipalité pour, à sa diligence, être remis par expédition à M. Coquille Dugommier, relativement à son intérêt particulier, & à MM. les commissaires du roi à la Martinique, en outre qu'il sera imprimé à la même diligence & aux frais de la ville, en tel nombre d'exemplaires qu'il paroîtra convenir à la municipalité qui en réglera la distribution. Et enfin, que ledit mémoire sera adressé à M. Guillermin aîné, actuellement en France, que les deux paroisses nomment leur député à l'effet de le présenter à l'assemblée nationale, au club des Jacobins & autres, & ont signé de Bovis, président, Natoire, secrétaire.

Collationné par moi dépositaire des registres paroissiaux. *Signé* Arthur Regnault, secrétaire-greffier.

Extrait des registres du conseil général de la commune de la ville Basse-Terre Guadeloupe.

Aujourd'hui vingt-neuf juin mil sept cent quatre-vingt-onze, le conseil général assemblé, & composé de M. Pautrisel, maire, MM. Artaud, Fougas, Dupuch, D. Romain, officiers municipaux, Ancelin, Dujarry, Natoire, Biguerisse, Bossant, Bonnet, procureur de la commune, & Artur Regnault, secrétaire-greffier, lecture faite de l'arrêté des paroisses, en date du vingt-six juin courant, il a été mis en délibération dans quelles formes & de combien d'exemplaires ledit mémoire sera imprimé, pour remplir le desir des paroisses, & il est arrêté à l'unanimité qu'il sera imprimé à la diligence du bureau municipal, mille exemplaires dudit mémoire, au format du petit *in-quarto*, coupé & pressé, & le conseil général consent à ce qu'il soit payé aux frais de la ville, pour frais de ladite impreſſion, de papier, de la coupe & de la preſſe, la ſomme de quatre mille livres, argent des colonies, marché convenu à forfait avec la dame Benard, en la perſonne de M. Cabre, prote de ſon imprimerie, préſent au conſeil, lequel a accepté audit nom & à ſigné. Ainſi ſigné à la minute, pour madame Benard, Cabre; ſigné ſur le regiſtre Pautriſel, maire, & Arthur Regnault, ſecrétaire-greffier.

Collationné, *Signé* Arthur Regnault, ſecrétaire-greffier.

www.ingramcontent.com/pod-product-compliance
Ingram Content Group UK Ltd.
Pitfield, Milton Keynes, MK11 3LW, UK
UKHW022123190726
13855UKWH00003B/1017

9 782013 0324